ニューウェーブ昇任試験対策シリーズ

イラストでわかりやすい

擬律判断・警職法
〔第2版〕

ニューウェーブ昇任試験対策委員会　著

東京法令出版

　警察官職務執行法は、警察官にとって最も重要な法律です。
　その大切な法律を本書で楽しく勉強しましょう。
　この本は、職務質問をはじめとする、警察官職務執行法の実務と法律を学ぶためにつくりました。
　内容は、条文ごとに３部構成となっています。
　　　　　○　実　　務　～　判例から実務を学ぼう
　　　　　○　法律学習　～　条文を勉強しよう
　　　　　○　問　　題　～　ＳＡに挑戦しよう

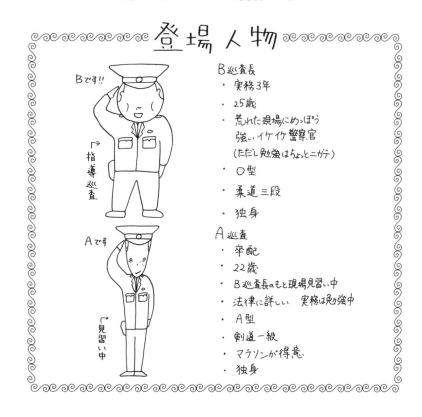

B巡査長とA巡査が
　　実務からＳＡまで
　　　警職法を徹底解剖します。

それでは

レッツゴー！！

目　次　*1*

目　　次

警職法第2条　　質　　問

1　判例から実務を学ぼう

〈停　止〉

① 職務質問から逃げようとする不審者を停止させるために、肩に
手をかけても違法ではない。（札幌高裁函館支判昭27.12.15）・・・・・・・・・・・ 2

② 酒酔い運転の被疑者が呼気検査を拒否して立ち去ろうとした
際、警察官が両手で被疑者の手首をつかむ行為は違法ではない。
（名古屋高判昭49.12.19）・・・ 5

③ 職務質問の際、左腕をかかえ込むようにして路端へ誘導する行
為は、適法である。（東京高判昭52.10.31）・・・・・・・・・・・・・・・・・・・・・・・・・・・・・・ 7

④ 自動車の発進を制止しようとして手をのばし、エンジンを切ろ
うとした警察官の行為は違法ではない。（東京高判昭54.7.9）・・・・・・・・・・・・・・ 9

⑤ 無銭飲食について取調べ中、急に立ち上がって立ち去ろうとす
る被疑者を追い、「待て」と言って両手で被疑者の左手をつかん
で引き止める行為は適法である。（山口地判昭35.8.9）・・・・・・・・・・・・・・・・・・・11

〈追跡行為〉

⑥ 単に職務質問をしようとして追跡しただけでは、人の自由を拘
束したものとはいえない。（最判昭30.7.19）・・・・・・・・・・・・・・・・・・・・・・・・・・・・・13

⑦ 追跡は、強制手段とは認められない。（最決昭29.12.27）・・・・・・・・・・・・・・・15

〈同　行〉

⑧ 法定の要件を欠く任意同行であっても、相手方の同意が得られ
れば、違法とはいえない。（広島高判昭31.5.31）・・・・・・・・・・・・・・・・・・・・・・・・・17

⑨　警察官が職務質問に際し、暴行があったとされる犯行場所に同行を求めることは、適法である。（東京高判昭31.9.29）………………19

⑩　同行を求める際に、被疑者の手を後ろにねじ上げ胸元をつかんで引っ張る行為は違法である。（京都地判昭29.9.3）………………21

⑪　早朝4時過ぎ頃、通行人がほとんどいない道路上において、交番なんぞに行くことはいやだと拒絶している挙動不審者に交番へ同行を求めることは、違法である。（静岡地裁沼津支判昭35.12.26）………23

⑫　暴行行為の加害者であるとする事情がないにもかかわらず、「逮捕状がなければ応じない」と拒否している相手方の両手をかかえるようにしてジープに乗せることは、職務執行の正当な範囲を著しく逸脱している。（山口地判昭36.9.19）………………28

⑬　相手方が拒絶の意思表示をしているのにもかかわらず、これを納得させるという手段に出ず、いたずらに同一の押し問答を繰り返すことに終始し、最後には、その右腕をつかむ行為に出たことは、強制力によって同行を求めたというべきであり、警職法第2条に基づく警察官の職務執行としては、著しくその範囲を逸脱している。（福島地裁会津若松支判昭38.10.26）………………31

⑭　早朝、人や車の往来のない路上で、同行を拒絶して横になってしまった者を連行するため、その身体、着衣に手をかけて引き起こすことは、警職法第2条所定の適法要件を欠いた違法な職務執行である。（新潟地裁高田支判昭42.9.26）………………34

⑮　犯罪を疑わせる等の合理的、客観的な理由がなく警察官の主観的な観察のみに頼って行った職務質問及び同行要求は不適法である。（京都地判昭43.7.22）………………37

⑯　窃盗犯人である疑いが濃い被疑者を、立ち止まらせるために肩に手をかけ、あるいはその際に、仮に暴行に至らない程度の有形力の行使があったとしても、本件の場合は逮捕と同一視するほどの強制力とはいえず、警職法第2条にいう適法な職務質問である。（長崎地決昭44.10.2）………………40

⑰　警察官が職務質問中逃げ出した不審者を追いかけ、同行を拒否している相手の手首等を握って交番まで同行し、その後、窃盗容疑で緊急逮捕した行為は警職法第2条にいう任意同行に当たらず違法である。（大分地判昭44.10.24）………………44

⑱　同行を拒否し逃走しようとする被疑者の両脇に、警察官が付き添いながら同行した行為は、逮捕に当たる違法な任意同行とした勾留請求を取り消した事例（名古屋地決昭44.12.27）………………47

⑲　警察署の自動車に自ら進んで乗車した被疑者を警察官2名が同
乗して同行した行為は逮捕には当たらず、任意同行である。（岡
山地決昭45.12.22）‥‥‥‥‥‥‥‥‥‥‥‥‥‥‥‥‥‥‥‥‥‥‥‥‥‥51

⑳　同行に応じようとしない被疑者の両側と後方に警察官がつき、
洋服の袖をつかむなどして同行した行為は、任意の意思に基づい
たものとはいえないとしながらも、勾留請求を認めた事例（京都
地決昭47.4.11）‥‥‥‥‥‥‥‥‥‥‥‥‥‥‥‥‥‥‥‥‥‥‥‥‥‥‥54

㉑　窃盗の疑いのある者を職務質問し、任意に同行中逃げ出したの
で追いかけて停止させ、交番から捜査用車で本署に同行した行為
は、いまだ逮捕と同視し得る強制力を加えたとはいえない。（東
京地決昭47.12.8）‥‥‥‥‥‥‥‥‥‥‥‥‥‥‥‥‥‥‥‥‥‥‥‥‥58

㉒　交通の妨害のない道路上で職務質問を行い、同行を拒否した者
を無理に同行しようとする行為は違法である。（岡山地裁倉敷支判
昭46.4.2）‥‥‥‥‥‥‥‥‥‥‥‥‥‥‥‥‥‥‥‥‥‥‥‥‥‥‥‥‥63

㉓　交番に同行中に後もどりをする者に手錠をかけ、連行した行為
は、違法である。（東京地判昭48.3.17）‥‥‥‥‥‥‥‥‥‥‥‥‥‥65

〈自動車検問〉

㉔　自動車の窓から手を差し入れてスイッチを切った行為は適法で
ある。（最決昭53.9.22）‥‥‥‥‥‥‥‥‥‥‥‥‥‥‥‥‥‥‥‥‥‥68

㉕　犯罪を犯しもしくは犯そうとしている者が自動車を利用してい
るという蓋然性があり、自動車の停止を求めることが公共の安全
と秩序の維持のために是認される場合は、強制にわたらない限度
で自動車の停止を求めることができる。（大阪高判昭38.9.6）‥‥‥71

㉖　酒酔い運転者に対し、警察官が自動車のハンドルをつかんで停
止させた行為は適法である。（仙台高裁秋田支判昭46.8.24）‥‥‥‥73

㉗　「はさみうち」自動車検問は適法である。（名古屋高裁金沢支判昭
52.6.30）‥‥‥‥‥‥‥‥‥‥‥‥‥‥‥‥‥‥‥‥‥‥‥‥‥‥‥‥‥75

〈所持品検査〉

㉘　銀行強盗の容疑が濃厚な者が、所持していたバッグのチャック
を承諾のないまま開披した行為は、事件の重大性、凶器所持の可
能性、開披による法益の侵害が最小限にとどまること等から考え
て、職務質問に付随する行為として許容される。（最判昭53.6.20）‥‥76

㉙ 爆発物を持っているのではないかという容疑が相当濃厚になった状況では、バッグのチャックを開き内容物を外から一見することは違法ではない。(東京高判昭47.11.30) ……………………79

㉚ 職務質問をした不審者の、「探すなら勝手に探せ」との発言を任意の承諾とし、車内検査を行ったことは適法である。(福岡高判昭50.6.25) ……………………82

㉛ 所持品検査の際、異常な箇所を着衣の外部から触れる程度のことは具体的状況により許される場合があるが、特別の事情が認められないにもかかわらず、ポケットに手を入れて行う所持品検査は違法であるが、証拠能力が肯定された事例 (大阪高判昭51.4.27) ……………………85

㉜ 覚醒剤が入っていると思われるビニール袋を口中に入れ、その隠匿を図ったのを、警察官が実力で制止したことは適法である。(東京高判昭61.1.29) ……………………89

㉝ 無銭飲食の可能性のある者が、警察官の職務質問に黙秘し、外部からの着衣接触にも拒否の態度を示さないとき、所持品検査をする旨告げて胸ポケットから見えていた手帳を抜き取った行為は適法である。(大阪地判昭47.12.26) ……………………93

㉞ 手提袋の内容物を検査した行為は、当時の状況に照らし、適法性の限界を超えるものではない。(東京地判昭48.10.2) ……………………96

〈その他〉

㉟ 質問を拒否する相手を説得している際に、これを妨害する者があれば、その妨害を排除する行為も、当初の質問行為と時間的・場所的に近接している限り、職務質問に付随する行為として適法である。(大阪地判昭56.11.13) ……………………99

2 条文を勉強しよう

1 第2条第1項〔停止・質問〕 …………………… 101

2 第2条第2項〔同行要求〕 …………………… 106

3 第2条第3項〔任意規定〕 …………………… 109

4 第2条第4項〔凶器捜検〕 …………………… 110

目　次　5

3　ＳＡに挑戦しよう

問　　題……………………………………………………………………… 112

正解・解説………………………………………………………………… 116

警職法第3条　　保　　　護

1　判例から実務を学ぼう

① いささか飲酒酩酊していたにすぎない相手方を保護を要する泥
酔者と判断したのは、明白な事実誤認である。（福岡高判昭30.6.9） ………… 124

② 警職法第3条第1項第1号に該当するものを保護する際、後ろ
手錠をかけてパトロールカーで連行したことは違法である。（高
知地判昭48.11.14）…………………………………………………………… 128

③ 深夜、自宅で就寝中の者を警職法第3条第1項第1号所定の泥
酔者として警察署へ連行したのは違法である。（横浜地判昭49.6.19）………… 133

2　条文を勉強しよう

1　第3条第1項〔保護〕………………………………………………… 137

2　第3条第1項第1号〔精神錯乱者、泥酔者〕……………………… 141

3　第3条第1項第2号〔自身で生命、身体、財産を守ることので
きない状態にある者〕………………………………………………… 143

3　ＳＡに挑戦しよう

問　　題……………………………………………………………………… 147

正解・解説………………………………………………………………… 150

警職法第4条　　避難等の措置

1　条文を勉強しよう

第4条第1項〔避難等の措置（危険時の措置)〕‥‥‥‥‥‥‥‥‥‥‥‥‥ 156

2　ＳＡに挑戦しよう

問　題‥‥‥‥‥‥‥‥‥‥‥‥‥‥‥‥‥‥‥‥‥‥‥‥‥‥‥‥‥‥‥‥ 162

正解・解説‥‥‥‥‥‥‥‥‥‥‥‥‥‥‥‥‥‥‥‥‥‥‥‥‥‥‥‥‥ 165

警職法第5条　　犯罪の予防及び制止

1　判例から実務を学ぼう

① 人の身体に危険を及ぼすおそれのあるけんかを制止するため、
相手方を投げ倒し、一時的に押さえつけた警察官の行為は適法で
ある。（東京高判昭32.3.18)‥‥‥‥‥‥‥‥‥‥‥‥‥‥‥‥‥‥‥ 170

② 他人の身体、財産に危害を与えるおそれのある者の手を引っ張
り、交番内に連れ込もうとした警察官の行為は適法な制止行為で
ある。（大阪高判昭34.9.30)‥‥‥‥‥‥‥‥‥‥‥‥‥‥‥‥‥‥‥ 172

③ 暴行を加えている男の背後からその手をつかみ、取り押さえよ
うとした警察官の制止行為は、警察法第2条及び警職法第5条の
予防制止措置として適法である。（東京高判昭38.3.19)‥‥‥‥‥‥ 176

④ まさに暴行を行おうとする男の前に立ちはだかり、その肩を押
さえて帰らせようとした警察官の行為は、警職法第5条の警告と
して適法である。（東京高判昭38.7.30)‥‥‥‥‥‥‥‥‥‥‥‥‥‥ 178

2　条文を勉強しよう

第5条〔犯罪の予防及び制止〕‥‥‥‥‥‥‥‥‥‥‥‥‥‥‥‥‥‥‥ 180

3　ＳＡに挑戦しよう

問　題……………………………………………………………………… 184

正解・解説………………………………………………………………… 187

警職法第６条　　立　　　入

1　条文を勉強しよう

1　第６条第１項〔危険時の立入〕………………………………………… 194

2　第６条第２項〔公開の場所への立入〕………………………………… 198

2　ＳＡに挑戦しよう

問　題……………………………………………………………………… 201

正解・解説………………………………………………………………… 204

警職法第７条　　武器の使用

1　判例から実務を学ぼう

① 　警察官の拳銃発射による傷害行為を正当防衛と認め、これにつ
いての準起訴請求を棄却した事例（大阪地決昭36.5.1）…………………… 210

② 　警察官の拳銃使用が警職法第７条の要件を満たさず、違法な武
器使用であるとして、国家賠償請求を認めた事例（札幌地判昭
48.1.30）……………………………………………………………………… 215

2　条文を勉強しよう

1　第７条本文〔人に危害を加えない使用〕…………………………… 220

2　第７条ただし書〔人に危害を加える使用〕………………………… 224

3　ＳＡに挑戦しよう

問　題……………………………………………………………………… 230

正解・解説………………………………………………………………… 234

NEW
判例追補……………………………………………………………… 239

刑訴法第212条　現行犯人

逮捕についてもう一度整理しよう………………………………………… 264

判例から実務を学ぼう

〈現に罪を行っている現行犯人〉

① 現行犯人の要件の認定は、逮捕時における具体的状況により客観的に判断されるべきである。（最決昭41.4.14）………………… 269

② 密漁犯人を現行犯逮捕するため、約３時間にわたり追跡を継続した後に逮捕した行為は、適法な現行犯逮捕である。（最判昭50.4.3）…………………………………………………………………… 271

③ 現行犯人というためには、犯罪が行われたことが、逮捕に着手する直前に、逮捕者に外部的に明白であれば足りる。（東京高判昭41.1.27）………………………………………………………………… 273

〈現に罪を行い終った現行犯人〉

④ 犯行後30～40分を経過したにすぎない場合を、刑訴法第212条第１項にいう「現に罪を行い終った者」に当たるとした事例（最決昭31.10.25）………………………………………………………… 275

⑤ 暴行事件発生から、約１分後に、約200メートル離れた場所で被疑者が警察官に犯罪事実を申告した場合は、現行犯人である。（釧路地決昭48.3.22）……………………………………………………… 277

⑥ 刑訴法第212条第２項第４号にいう「罪を行い終ってから間がないとき」及び「誰何されて逃走しようとするとき」に当たるとされた事例（最決昭42.9.13）……………………………………………… 279

⑦ 刑訴法第212条第２項にいう「罪を行い終ってから間がないと明らかに認められる」場合に該当するとされた事例（福岡高裁宮崎支判昭32.9.10）………………………………………………………… 281

⑧ 呼気を測定した結果、呼気１リットルにつき0.35ミリグラムのアルコール量を検出した場合、刑訴法第212条第２項第３号にいう「身体又は被服に犯罪の顕著な証跡があるとき」に当たるとされた事例（名古屋高判平元.1.18）………………………………………… 283

刑訴法第220条　　令状によらない差押え・捜索・検証

捜索・差押え30分勉強会‥‥‥‥‥‥‥‥‥‥‥‥‥‥‥‥‥‥‥‥‥‥‥‥ 286

判例から実務を学ぼう

① 何人でも現行犯を逮捕できるが、通常人は、逮捕するため他人
の住居に侵入することは許されない。(名古屋高判昭26.3.3)‥‥‥‥‥‥‥ 287

② 令状なしで捜索し、差し押さえることのできるものは、逮捕の
基礎となった犯罪に係る証拠品等に限られる。(東京高判昭46.3.8)‥‥‥‥ 289

③ 現行犯逮捕の現場から自動車で3、4分、直線距離約400メー
トル離れた警察署において、被逮捕者の所持品等を捜索押収する
ことが適法とされた事例(東京高判昭53.11.15)‥‥‥‥‥‥‥‥‥‥‥‥‥ 291

警職法第2条

質問

1 判例から実務を学ぼう

〈停　止〉

> ① 職務質問から逃げようとする不審者を停止させるために、肩に手をかけても違法ではない。
>
> （札幌高裁函館支判昭 27.12.15）

◇　事案の概要

① 甲は、風呂敷包みを抱えて道路を歩いていたところ、警ら中の警察官から職務質問を受けたが拒否した。そのため、不審を強めた警察官が近くの街灯まで任意同行を求めた。

② しかし、甲はこれを無視して立ち去ろうとしたため、警察官が左手を甲の右肩にかけた。

③ 甲が、逃走しようとして警察官の顔面を手拳で殴ったことから、甲を公務執行妨害の現行犯人として逮捕した。

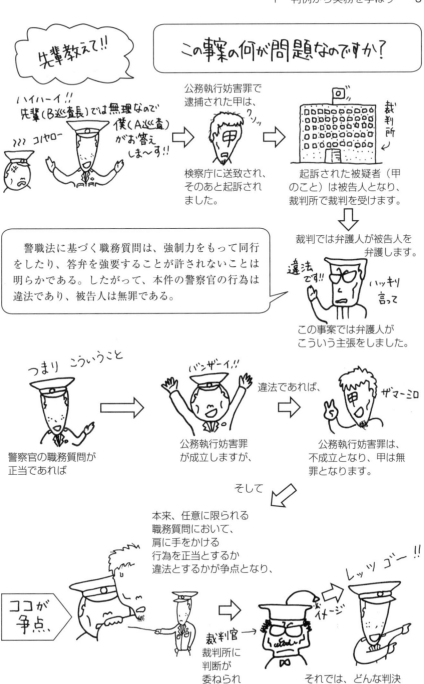

4　警職法第2条　質問

判決要旨　夜11時過ぎ、通行人がなく、雨の中、よい風体でもない被告人が、雨具も持たず、風呂敷包みを小脇にして急ぎ足で通りかかったのだから、警らに先だち、窃盗事件が発生しているとの指示を受けていた警察官が、被告人に対し、「何らかの犯罪を犯しているのではないか」と疑いをもつ相当の理由があったといえる。しかも、呼びとめても、1回目は振り向きもしない、2回目はちょっと振り向いただけで歩行を続け、3回目にとまったが、質問に対して「○○町へ行く」と言っただけでそれ以外は答えようとせず、小脇に抱えた風呂敷包みについては、「お前なんかに見せる必要はない」と突っぱね、疑いを深めた警察官が、近くの街灯の下まで来てくれと言うと、被告人は逃げようとする気配を見せたので、警察官が被告人の右肩に左手をかけたところ、被告人は手を振り回して警察官の顔面をなぐり、そこから逃走したがつかまったという状況であるから、警察官が被告人の肩に手をかけた行為は、職務遂行上の妥当な方法として用いられたものであって、これに暴行を加えた被告人の行為は公務執行妨害罪を構成する。

酒酔い運転の被疑者が呼気検査を拒否して立ち去ろうとした際、警察官が両手で被疑者の手首をつかむ行為は違法ではない。

(名古屋高判昭 49.12.19)

◇ 事案の概要

① 甲は、午前4時10分頃、酒酔い運転により物損事故を起こした。事故現場に到着した警察官は、甲に対し、運転免許証の提示とアルコールの検査のため風船に呼気を吹き込むよう求めたが、甲がいずれも拒否したことから、甲をパトカーで警察署に任意同行した。なお、甲は大量に飲酒しており、赤い顔をし、身体はフラフラで、乱暴な言葉遣いをしていた。

② 甲は、警察署で取調べを受けた際、免許証の提示にはすぐに応じたが、警察官の再三の説得にもかかわらず呼気検査を拒否した。そのため、来署した父親からも説得してもらったが、甲がこれも聞き入れなかったため、父親が母親を呼びに自宅へ帰った。

③　午前6時頃、甲が突然、「マッチを取ってくる」と言いながら、立ち上がって出入口の方へ向かった。このとき、逃亡を危惧した警察官が、甲の左斜め前の位置に近寄って、「風船をやってからでいいではないか」と言って両手で甲の左手首をつかんで制止した。

④　甲が激しく抵抗して警察官に暴行を加えたことから、警察官はこれを制止しながら、他の警察官と二人で甲を椅子に腰かけさせ、その直後、甲を公務執行妨害罪の現行犯人として逮捕した。

判決要旨

　被告人が呼気検査を拒否して立ち去れば、酒酔い運転の捜査上、著しい支障をきたすことは明らかであり、また、被告人が立ちあがって出入口の方へ行こうとした行為は、捜査の支障となる行為が突然に行われたというべきであり、警察官が両手で被告人の左手首をつかんだ行為の程度も、さほど強いものであったとは認められないことから、本件における警察官の行為は、任意捜査の範囲内の相当な実力行使と認めるべきである。

職務質問の際、左腕をかかえ込むようにして路端へ誘導する行為は、適法である。

（東京高判昭 52.10.31）

◇ 事案の概要

① 甲は、午後10時頃、兄嫁の婦人用自転車に乗って走行中、警ら中の警察官に出会った。警察官は、甲が直前で点灯したもののそれまで無灯火であったことから、道路交通法違反の嫌疑に併せて盗難車ではないかとの疑いを持ち、職務質問の目的で甲に停車を命じた。それに対し甲は、道路左端から1メートル半くらいの道路上に自転車に乗ったまま両脚を地面に下ろした格好で停車した。

② 警察官が甲に対し、無灯火の点をただすと、甲は「交番の前に立っていた警察官からは何も注意を受けなかったので、点灯していたはずだ」と答えた。警察官は、自転車が婦人用であり、名前の記載や防犯登録もなかったことから盗難車ではないかとの疑いを強め、質問を重ねたところ、甲は「自転車は兄嫁が、友人から買ったものである」と答えた。警察官が更に住所、氏名、職業、行く先を尋ねると、甲は簡単に答えただけで「急いでいるから」と強引に行こうとした。

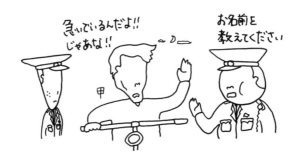

③ 警察官は、自転車に乗ったまま立ち去ろうとした甲に対し、なお職務質問を継続するため、交通の妨害にならない道路端に寄せようとして甲の左腕をかかえ込むようにして誘導した。

④ これに甲は不満をもち、「お巡りさんも若いですね」などと言ったりしているうちにバランスをくずして自転車ごと倒れ、甲が膝をついて倒れた。

判決要旨

午後9時50分頃、無灯火で名前の記載も防犯登録票の添付もない婦人用自転車に乗った男が、警察官の質問に氏名、住所、職業を答え、兄嫁のものを借りて友人のもとに行くと言ったとしても、5分位の職務質問に簡単にしか答えず、その場を急いで立ち去る気配を示した場合、職務質問を続行するためその者の左手を押え、さらに交通の妨害にならないよう左腕をかかえて交差点近くの道路上から1メートル位離れた道端まで誘導することは、警察官職務執行法2条1項にいう停止の方法として適法な職務執行と解せられる。よって、その際にバランスを崩して自転車が転倒したとしても、これをもって警察官の違法な実力行使があったとはいえない。

自動車の発進を制止しようとして手をのばし、エンジンを切ろうとした警察官の行為は違法ではない。

(東京高判昭 54.7.9)

◇ 事案の概要

① 「革マル派と中核派との間で抗争が発生するおそれがある」との警備情報に基づいて警戒についていた警察官が、白い粉末を噴射しながら走っていく車両を認めたため追跡を開始した。

② 警察官は、道路に消火器が投棄されていたため、「走行中の車内から消火器を投棄したのではないか」という道路交通法違反の疑いを持ち、さらに追跡し、車両が停車したところで職務質問を開始した。

③ それに対し甲は、これを無視してその運転車両を発進しようとしたり、「法的根拠は何だ。こんなものに従う必要はない」と言って職務質問に応ずる様子がなかったので、警察官は左手を車内に差し入れてエンジンのスイッチを切ろうとした。

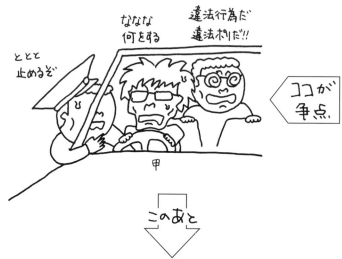

④ 甲は、警察官の手首を殴打したうえ、警察官がハンドルをつかんでいるのに十数メートル引きずって車両を発進させ、公務の執行を妨害したものである。

判決要旨

警察官が、道路交通法違反（車内から消火器を投棄）を犯した疑いを持って職務質問に着手したことは、職務質問開始の要件に欠けるところはない。そして、職務質問に対し、甲が示した態度のもとでは、警察官が、甲を停止させるため、左手を車内に差し入れてエンジンのスイッチを切ろうとしたり、発進した自動車のハンドルを左手でつかんで自動車を路端に寄せようとした行為は、警察官職務執行法2条1項の規定に基づく「職務質問を行うため相手を停止させる方法」として、必要かつ相当な行為にあたる。

無銭飲食について取調べ中、急に立ち上がって立ち去ろうとする被疑者を追い、「待て」と言って両手で被疑者の左手をつかんで引き止める行為は適法である。

(山口地判昭 35.8.9)

◇ 事案の概要

① 警察官が、すし屋の主人から、「この男が無銭飲食の犯人です」と甲を指示されたことから、事情を聞くため交番まで任意同行を求めたところ、甲もこれに応じた。

② 交番において、甲は、無銭飲食の事実に対する警察官の質問にあいまいな返事をして要領を得なかったため、警察官は、甲を詐欺罪の現行犯として逮捕し、本署の捜査員に引き継ごうと考え、署に電話連絡をしていたところ、急に甲が外に出て行こうとしたので、「待て」と言って止めたが、甲は早足で外に出た。

③ 警察官は、すぐ甲のあとを追い、「待て」と声をかけたが止まらないので、同交番から約30メートル離れた場所で追いつき、場合によっては現行犯人として逮捕しようと考えながら、「待て」と言って両手で甲の左手をつかまえた。

④ 甲はその手を振り切り、警察官に暴行を加え、公務の執行を妨害した。

判決要旨

　警察官が、交番から逃げ出した被告人に任意同行を求めるため、手をつかんで引き止めようとした行為は、適法な職務行為の範囲を逸脱したとの非難を免れないが、詐欺罪の現行犯人として適法に逮捕できる状況にあって、本件の警察官の行為は、その逮捕に着手したものと見ることができることから、適法な職務行為と認めるのが相当である。

　なお、逮捕後に行われた捜査の結果、本件の詐欺罪は成立しなかったが、逮捕当時、現行犯人逮捕の要件は具備していたと認められるから、逮捕の適法性についても問題はない。

現行犯逮捕を前提とした制止行為として適法性が認められた判決です

〈追跡行為〉

単に職務質問をしようとして追跡しただけでは、人の自由を拘束したものとはいえない。

(最判昭 30.7.19)

◇　事案の概要

① 甲は、他の3名の者と密談中、警ら中の警察官から挙動不審者として職務質問を受け、所持品について聞かれ、最寄りの交番まで同行を求められると、突如その場から逃走した。

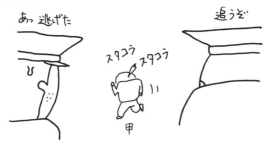

② 直ちに警察官が追跡したところ、甲が転倒したため、追いついた警察官が職務質問をしようとして近寄った。

③ 甲が警察官を足蹴りにして暴行を加え、警察官の公務の執行を妨害した。

14　警職法第2条　質問

判決要旨

　被告人は、午後9時頃、公園内において、3名の者と密談中のところ、警ら中の警察官から挙動不審者として職務質問を受け、被告人の所持品につき応答中、最寄りの交番まで同行を求められるや、突如その場から逃走したので、警察官が更に職務質問をしようとして近寄った途端、被告人はやにわに警察官を足蹴にして暴行を加え、公務の執行を妨害したというのであって、人の自由を拘束した事実は認定されていない。

　警察官から挙動不審者として職務質問を受け、交番まで任意同行を求められた者が突如逃走した場合、警察官が更に職務質問をしようとして追跡しただけでは、人の自由を拘束したものではなく、警察官の職務行為として適法である。

職務質問をするための追跡行為は、人の自由を拘束したものではない、と、最高裁が明示した点に、この判決の意義がありますね、先輩…
ちょっと、聞いてますか!!　先輩!!

7 追跡は、強制手段とは認められない。

(最決昭 29.12.27)

◇ 事案の概要

① 警察官が警らしていたところ、風呂敷包みを持って後を振り返りながら歩いている甲を発見した。警察官が路地から出て行くと、甲は警察官の方を2、3回振り返ってそわそわし、少し早足になった。

　警察官は、管内で頻発している窃盗事件に関係があるのではないかと思い、甲を呼びとめて職務質問を行ったところ、質問が風呂敷包みに及ぶと、甲は「紙の見本です」と答えたので、警察官が、包みの中を見せるよう依頼すると「急ぎますから」と言い、警察官を残すようにしてさっさと歩き出した。

② 疑いを持った警察官は甲を呼び止めたが、甲は早足でどんどん行ってしまうので、警察官が「君、君」と言うと、ぱっと走り出したため追いかけた。

③ その後、警察官が甲に追いついて前に出ようとしたとき、甲は向きを変えて警察官にぶつかってきた。

④ 甲がよろめいた警察官を蹴ってきたため、公務執行妨害の現行犯として逮捕した。

判決要旨

被告人の服装などからして、当時、管内で発生していた窃盗事件に関係があるのではないかとの疑いを抱いたことは警察官としてはまさに当然であり、更に、俄かに逃げ出したため、後を追いかけたことも当然であり、追跡は、単に逃走する相手方に接近する行動であるから、追跡を強制的手段とは認められず、逮捕行為とすることもできない。

そもそも、警察官が職務質問をしたのにこれに答えようとせず、停止を求めてもこれに応じないような場合、強制にわたらない程度において説得をするのが当然であり、また相手方の逃走を漫然と傍観して放置するような態度は警察活動の本義に照らし到底是認することはできないのであって、このような場合には逃走する相手方を追跡し、停止を求め質問を続行することこそ警ら中の警察官としての忠実な職責の実行というべきである。

〈同　行〉

⑧　法定の要件を欠く任意同行であっても、相手方の同意が得られれば、違法とはいえない。

（広島高判昭 31.5.31）

◇　事案の概要

① 　警察官が、午後 11 時半頃、約 500 メートル先に自動車が停止し、甲が歩いて来るのを認めた。
　　警察官は、3 週間ほど前に、同所付近で自動車利用の強盗事件があったことを思い出し、甲の服装、容貌、年齢等から同人が当該強盗事件の指名手配犯人ではないかと考え、近づいてきた甲に職務質問し、ついで同人の手提カバンの内容を見せるよう要求した。

② 　甲は、カバンの中に、所属する政党の連絡事項を記載したメモを所持していた。甲は、カバンの中に凶器等が入っていないことを示せば、警察官があきらめてくれると思い、40 ワットの街灯下でカバンを開けて警察官に一瞬だけ見せてすぐに閉じ、警察官によるカバンの中の調査は許さなかった。

③　これにより甲に対する強盗容疑は解消したが、甲がカバンの中の調査を許さなかったので、警察官は甲が何らかの犯罪を犯していると誤解し、交番へ来るよう強く求めた。

　甲は、警察官の申出を承知し、約10メートルくらい歩いたが、突如メモを嚥下しようとして口に入れたため、警察官が犯罪の証拠物を隠滅しようとしているものと誤解し、「何をするか、そんなことをせんでもよいではないか」と言うと同時に、これを制止しようとして甲の身体に手をかけた。

判決要旨

　警察官は、被告人の年齢等から、強盗事件の犯人ではないかと考えて職務質問をしたのであるから、警察官として当然の行為である。これに対し被告人が氏名を黙秘し、かつ、カバンの検査を拒否したので不審を抱き、たまたま同所が暗い場所で、質問を継続するのに適当でなかったから、被告人の承諾を得て交番へ同行を求めたのであって、この同行は被告人の任意な意思によるものである。その後、被告人が警察官から離れようとしたのでそれを制止し、交番への同行を説得した。

　説得に応じた被告人は、カバンを街灯下で開いて見せたが、充分に調査させなかったので、警察官は再び同行を要求した。このときはすでに強盗事件の容疑は解消しており、その後、被告人が氏名を黙秘し、カバンの内容物を調査させなかったとはいえ、これだけでは「何らかの犯罪を犯していると疑うに足る相当な理由がある」と認めるには、やや不十分であり、しかも同法第2条第2項に該当する事情もなかったことから、再度の同行要求は適切ではなかったと言える。しかし、結局、被告人は説得に応じて同行を承知したのであるから、同行自体は必ずしも違法とは断定し難い。

　更に、同行中の被告人が、突如紙片を嚥下しようとして口中に入れた行為は、贓品あるいは犯罪の証拠物件を隠滅する行為と解するのは自然なことであり、警察官がとった措置は、これを制止するための行為と認められ、その行為は非難するに当たらない。

警察官が職務質問に際し、暴行があったとされる犯行場所に同行を求めることは、適法である。

(東京高判昭 31.9.29)

◇ 事案の概要

① 甲は、乙と丙の三人で、午後11時30分頃、料理店前道路上において、竹ざおや看板を振り回して暴れ回り、その場を去った。その後、甲らは、午前零時過ぎ、同料理店付近において、かけつけた警察官に出会った。警察官は、甲らに対し、「料理店で暴れたのはお前たちか」と職務質問し、「料理店の前まで行ってほしい」と同行を求めた。

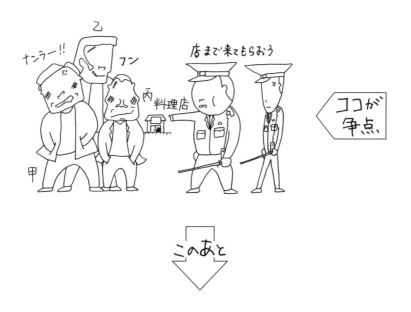

② 甲は、乙及び丙と意思を連絡して、手拳で警察官を殴り、足で蹴るなどの暴行を加え、警察官の職務の執行を妨害した。

警職法第2条　質問

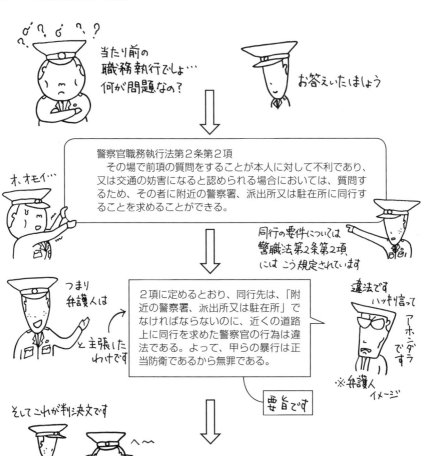

判決要旨

　急報によりかけつけた警察官が、被告人らに対し「料理店の前まで行ってもらいたい」と同行を求めたことは、職務執行の範囲に属し、この職務執行に暴行を加えたことは、公務執行妨害が成立する。
　なお、警察官職務執行法第2条第2項は、質問を継続しようとするときにおいて、本人に対し不利であり、又は交通の妨害となることが認められる場合については、付近の警察署、派出所又は駐在所に同行を求めるべきであると規定している。
　しかし、本件の場合、警察官から同行を求められるや、被告人らが相互に意思を連絡して暴行にでたのであって、これは、いまだ職務質問を続行するため、付近の警察署等へ同行を求めることを必要と認めないうちに暴行を加えたものであるから、同条第2項の規定を挙げて議論するのは適切でない。

同行を求める際に、被疑者の手を後ろにねじ上げ胸元をつかんで引っ張る行為は違法である。

(京都地判昭 29.9.3)

◇ 事案の概要

① 警察官が警ら中、パチンコ店前において、手に札束をもって道路を横断している外国人甲を認めた。警察官は、甲がパチンコ遊技の景品であるたばこを買い集めて「煙草専売法違反行為」をしているのではないかとの不審を抱き、パチンコ店前の木箱に腰かけた甲に近づいて、住所、氏名、職業等を質問した。

その際、甲は外国人登録証明書を示し、傍らにおいてあった紙箱の中にチューインガムが入っていたことなどから、一応、同違反の嫌疑は薄くなった。

② しかし、警察官は、甲がなお何らかの犯罪を犯しているのではないかと考え、質問を続けようとしたが、見物人が多数集まってきたため、甲に警察署まで同行を求めた。

③　しかし、甲がこれに応じなかったことから、警察官は無理に同行を求めようとして約100メートル先まで甲の手を引っ張って連行した。甲はそこで、「チューインガムの箱を片付けてから行くから」などと言いながら地上に座り込んで立とうとしないので、警察官が甲の手を後ろにねじ上げ、別の警察官が甲の胸元をつかんで引っ張り、なおも連行しようとした。

④　甲は締めつけられるような苦しさを感じ、警察官の強制力の行使を排除するため、警察官の右手に噛みついた。

判決要旨

　警察官が、被告人に疑いをもち、氏名等について質問をしたこと、なおも何らか犯罪を犯しているものではないかと疑い、本署に同行を求めたことは、合法的な行為であるが、出来るだけ穏便に説得し、納得させた上で同行させるべきであったのに、被告人が「チューインガムの箱を整理してから行く」というのに、その機会も与えようとせず、性急に同行を求めて実力を行使したことは明かに法を逸脱したものと言わなければならない。
　一方被告人は、警察官のこのような強制力に応ずる義務はなく、胸許をつかまれ締めつけられるような苦しさを感じ、警察官による暴力を排除するため、警察官の右手に噛みついたことは、やむをえず行った行為であって正当防衛に該当する。よって、被告人の本件行為は違法性を阻却し、無罪である。

早朝4時過ぎ頃、通行人がほとんどいない道路上において、交番なんぞに行くことはいやだと拒絶している挙動不審者に交番へ同行を求めることは、違法である。

(静岡地裁沼津支判昭 35.12.26)

◇ 事案の概要

① 甲は、午前4時頃、路上で酔いを覚ましていたところ、警ら中の警察官が甲を発見し、懐中電灯で照らした。そのとき甲は、少し前に殴打された男がまた現われたと思って逃げ出した。警察官は、甲の行動を「異常な挙動その他周囲の事情から何らかの罪を犯したもの」と認め、追跡し、甲を停止させ、「なぜ逃げるのか」と尋ねると、甲は、「酔っ払いに追われているのでその人だと思って逃げた」と答えた。

② そのとき甲が、さらに逃げようとしたので、警察官は右手で襟元をつかみ、甲に「明るいところへ出るように」と促したが、なおも甲は逃げ出そうとするので、甲が何らかの罪を犯したのではないかとの疑念をますます深め、甲に対し交番に来るように求めたが、甲はこれを拒絶した。

③　やむなく警察官は、甲の襟元をつかんだまま、約10メートル先まで甲を連行したが、警察官が甲の襟元をつかんで離さないので、甲は警察官の手を除けようとして警察官の胸元をつかんで押したり引いたりした。その際、警察官の上着のボタンが３、４個落ちてしまった。

④　そのとき警察官は、甲に対し、「そんなことをすると公務執行妨害になるぞ、とにかく交番まで来い」と言うと、甲は同行することに応じたが、警察官がそれまで甲の襟首をつかんでいた手を離したところ、甲が反対方向に歩き、神社前の路上まで行き、そこから動かなかった。警察官は再三にわたり甲に同行を求めたが、甲がどうしてもこれに応じないので、甲に対する疑念をいよいよ深め、警察署又は交番に同行して甲を取り調べる必要があると考え、職務質問を続けた。

⑤　午前5時頃まで、警察官は甲に職務質問を続けたが、甲はかえって反抗的になった。さらに警察官は、甲に対し所持品の提示を求めるとともに、身体に触らせてくれと要求し、甲の上衣、ズボンのポケット等を外から触って所持品を検査した。

⑥　その結果、栓ぬき、ローソク、キャラメル等が発見された。警察官は、甲が窃盗犯人ではないかと疑念を抱き、甲に対し警察署又は交番までの同行を求めると、甲はこれを拒絶し、その場を離れようとした。

⑦　そこで警察官は「それなら、君が乱暴して制服のボタンをむしり取ったことは公務執行妨害になるから逮捕する」と言って、甲の腕をつかんで押し倒し、手錠をかけようとした。

⑧　甲は、所携のナイフで警察官の左手に切りつけ、警察官が手を離した隙に逃走した。

判決要旨①

警察官が路上において被告人を発見したのは午前4時ころであり、付近には通行人はなく、懐中電灯で照らされると逃げ出したのであるから、「何らかの罪を犯し又は犯そうとしていると疑うに足りる相当な理由があるもの」と認めたことは当然である。したがって、警察官が被告人を追跡し、停止させて質問したことは正当である。

しかし、警察官職務執行法は、その規定から明らかなとおり、犯罪捜査のための強制権については規定するものではなく、同法に「停止させて質問することができる」というのは、単に「停止を命ずることができる」という趣旨にすぎず、相手方はこれに応ずる義務はない。

さらに注意すべきことは、警察官職務執行法によれば、交番へ同行を求めることができるのは、「その場で質問することが本人に対し不利であり、又は交通の妨害になると認められる場合」に限られているところ、本件では、被告人は「交番に行くことはいやだ」と拒絶したこと、早朝4時過ぎころであり通行人はほとんどなかったから、その場所で質問することが、被告人に対して不利であり又は交通の妨害になるとは到底認められず、警察官が交番に同行を求めたことは違法である。

また、同法は刑事訴訟法の規定によらない限り、その意に反して警察署又は交番に連行されることはないと規定しているにもかかわらず、警察官は、被告人に対し、交番へ同行を求めただけでなく、その襟元をつかんだまま離さなかったのであるから、違法な行為といわなければならない。

したがって、被告人は、警察官が襟元をつかんだという違法行為を排除するため、警察官の胸元をつかんで押したり引いたりしたのであり、その際、警察官の上着のボタンが3、4個路上に落ちたとしても、警察官の公務の執行は違法なものであるから、被告人の行為は公務執行妨害罪を構成するものではない。

よって、被告人に無罪の言渡しをする。

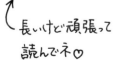
長いけど頑張って読んでネ♡

判決要旨②

しかし、被告人の警察官に対する傷害の行為は、警察官の違法な職務の執行を排除するためやむを得ない程度を超えたものと認められるので、いわゆる過剰防衛行為と認定した。

公訴事実のうち、公務執行妨害は罪とならないが、これと傷害は1個の行為で2個の罪名に触れるものとして起訴されたものであるから、傷害については、無罪の言渡しはしない。

補足です
本件では公務執行妨害罪は無罪となりました ただし
ナイフによる傷害罪は有罪となっています

|12| 暴行行為の加害者であるとする事情がないにもかかわらず、「逮捕状がなければ応じない」と拒否している相手方の両手をかかえるようにしてジープに乗せることは、職務執行の正当な範囲を著しく逸脱している。

(山口地判昭36.9.19)

◇ 事案の概要

① 劇場前で通行人数人がけんかをしている旨の電話連絡を受け、警察官が急行した。警察官は、付近に人影はなく、けんかがあったかどうか確認できなかったので、劇場前にいたAに対し「けんかがあったはずだが知りませんか」と尋ね、Aから「それならT園に入った」旨の返答を得て、劇場の前にある中華料理店T園に赴いた。

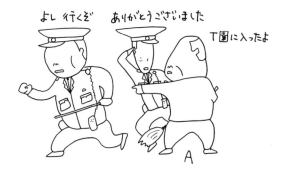

② T園内では、甲及び同僚の乙が何やら気炎をあげていたところであった。警察官はさっそく店内に入り、甲に「けんかがあったようだが知らないか」と質問したところ、甲は「知らん、通りがかりだから関係がない」と言った上、さらに「ポリが何しにきた、邪魔だ」などと反抗的な発言をした。

③　警察官は、Aの説明と甲の反抗的態度から、甲らがけんかの当事者か少なくともその関係者であると判断し、店内では他の客に迷惑をかけるため、道路に出て事情を話すよう促したところ、甲と乙が店の外に出たので、T園前で警察官が、甲にけんかの事情を説明するよう求めたが、甲と乙は「その必要がない」と応酬した。

④　間もなく警察車両が到着し、甲、乙がいた場所から5、6メートル離れた場所に停車した。警察官は甲に対し、警察署まで同行を求めたが、甲はこれを拒否した。しかし、警察官はあきらめず、甲の両手をかかえるようにして引っ張り、警察車両の後部に連れて行った。そして、警察官が数人で押し上げるようにして甲を後部荷台に乗せた。

⑤　甲はすぐ車を飛び降り、警察官の腹を蹴ったため、身柄を拘束されて警察車両に押し込まれた。

公務執行妨害罪が成立するためには、少なくとも、公務員の職務行為が強制力の行使を伴う場合（例えば逮捕・押収・強制執行等）においては、その職務行為が適法でなければ本罪の保護の対象とならないと解すべきである。

職務質問で問題となるのは公務執行妨害罪に発展したときに その職務が正当だったかどうかです
この判例でも前段でこう明示しています

ドレドレ
へー

以上のことを踏まえて判例を見てみ……
ちょっと先輩かぶってますよ

判決要旨①

もともと被告人はT園内にいたところ、店内の客に対する迷惑を理由に道路に出され、道路に出れば交通妨害等を理由に本署まで同行するというのは、最初から本署に同行する計画であったとみられてもやむを得ず、警察官は、「何がなんでもとにかく被告人を本署に連行したい」という執念にも似た執ようさが窺われ、理解に苦しまざるを得ない。

そうしてみると、警察官は、合理的根拠もなく被告人をけんかの当事者か関係者と決めつけ、質問を拒否したからといって、交通妨害等に名をかりて同行したものであり、本件行為は警察官職務執行法第2条第1項・第2項の要件に適合しないと言わざるを得ない。

同行の要求そのものが合理的な理由がなく違法だと言ってるね

判決要旨②

しかしながら、要件に適合しない同行が、直ちに違法な職務執行として公務執行妨害罪の対象とならないと理解するべきではなく、最終的には同行の方法が、任意か、強制力を伴ったかによって決まるべきものと考える。なぜなら、同条項に適合しない同行であっても、相手方が任意に応ずる以上、その違法性は軽微であって特に問題とする理由は少ないからである。

ただし、条文の要件（交通の妨害or本人に不利）がなくても同行要求が任意でしかも本人の承諾があれば必ずしも違法ではない とも言ってます

判決要旨③

しかし、本件においては、けんかの加害者であるとする事情がないにもかかわらず、被告人の両手をかかえるようにし、前後横を取り囲み、T園前から約5、6メートル引っ張ってジープまで無理につれて行き、無理矢理押し上げて乗せたのであるから、とうてい任意の同行とは解せられず、被告人の意思に反する連行であって、職務執行の正当な範囲を著しく逸脱しており、同法第2条第3項に違反する違法な職務行為といわなければならない。

事例は強制的に同行していますよって本件は明らかに違法です
トーゼンデス!!

相手方が拒絶の意思表示をしているのにもかかわらず、これを納得させるという手段に出ず、いたずらに同一の押し問答を繰り返すことに終始し、最後には、その右腕をつかむ行為に出たことは、強制力によって同行を求めたというべきであり、警職法第2条に基づく警察官の職務執行としては、著しくその範囲を逸脱している。

（福島地裁会津若松支判昭 38.10.26）

◇ 事案の概要

① 「H寿し」において、甲と友人乙、丙が飲食中、乙、丙は、同店表通りを通行中のAが同店前に立てかけてあった丙の自転車を倒したことに憤慨し、Aを追いかけ、付近の路上においてAを殴打して傷害を負わせ、Aの友人Bが警察署へ電話連絡したため、同署の警察官が現場へ赴いた。

② 警察官は、「H寿し」付近路上において、A、Bから、傷害事件の犯人は3人で、「H寿し」の店内で飲食中である旨聴取した後、店内に入った。店内では、甲、乙、丙の3人だけが飲食中だったので、警察官は甲ら3人が犯人であると考え、警察署まで同行を求めると、甲が、「俺は関係がない、何もしていない、行く必要はない」旨答えた。そのため警察官は、店の出入口付近に来ていたA、Bらに犯人を問うと、乙と丙を指示した。

③ 警察官は、甲が傷害事件の犯人ではないことは了解したが、乙、丙に警察署まで同行を求める一方、甲も事件について事情を知っているものと認め、参考人として同行するよう促した。これに対し甲は「俺は何もしていないから行く必要はない」と同行を拒絶したが、警察官がさらに執拗に同行を要求するので甲は立腹し、「俺をどうしようというのか、てめえの面は何だ」と発言し、双方大声で、押し問答となった。

④ しばらく押し問答をした末、警察官は、椅子に腰かけたままの姿勢であくまで同行を拒絶している甲の右側に近寄り、左手で甲の右腕をつかみ、店外へ出るよう言った。

⑤　甲は、「行く必要はない」と叫びながら立ち上がり、右腕で警察官の左手を払いのけ、警察官の腹部を2、3回なぐったことから、警察官が甲を公務執行妨害罪で逮捕した。なお、警察官は甲の暴行により全治5日間の左胸部、左腹部打撲傷を受けた。

判決要旨

　警察官が、被告人を傷害事件について知っていると認め、職務質問のために同行を求めたことは、警察官職務執行法第2条第1項に基づく適法な職務執行である。

　しかし、同法第2条第2項の「同行することを求めることができる。」というのは文字どおり「同行を要求することができる」という意味であって、強制力による同行を認める趣旨でないことはいうまでもない。

　であるにもかかわらず、警察官は、被告人が同行を拒絶し、その意思は強固であって、もはや説得による翻意は期待しえない状況にあったのに、いたずらに同一の押し問答を繰り返すことに終始し、最後には被告人の右腕をつかむ行為に出たのであり、これはまさに説得の限界を超え、強制力によって同行を求めたものというべきであって、同条項に基づく警察官の職務行為としては著しくその範囲を逸脱しており、違法な職務執行といわなければならない。

　したがって、これに対し被告人が前認定のような暴行を加えても公務執行妨害罪の成立する余地はない。しかも、被告人が行った自己の身体、自由を防衛するための行為も必要が相当であると認められることから、被告人の行為は、正当防衛行為にあたり傷害罪も成立しない。

　なお、警察官は、「被告人がよろけそうになったのでそれを支えようとしただけであり、同行を求めるために被告人の身体に手をかけた事実や、外に引きずり出そうとした事実はない」旨を供述しているが、裁判所の尋問調書等に照らして信用できない。

ちなみに警察官は甲がよろけたのを支えただけと証言していますが裁判所には認めてもらえませんでした

早朝、人や車の往来のない路上で、同行を拒絶して横になってしまった者を連行するため、その身体、着衣に手をかけて引き起こすことは、警職法第2条所定の適法要件を欠いた違法な職務執行である。

(新潟地裁高田支判昭42.9.26)

◇　事案の概要

① 　甲は、午前4時30分頃、前夜から飲み歩いていた友人と別れ、自宅に向かって歩行中、警ら中の警察官から挙動不審者として職務質問のため呼び止められたが、その呼びかけに従わず逃げ出し、約2,300メートル走ったところ、「止まらんと撃つぞ」と後方から威嚇され、停止した。

② 　甲は、駆けつけた警察官から「なぜ逃げるのか」と聞かれ、さらに「本署まで来い」と同行を求められたので、甲は、いったんはやむなくこれに応じて警察官に片腕をとられたまま歩き出したが、間もなくどうしても警察署に行くのがいやになり、数百メートル離れた道路上に寝転んで、「明日勤めがあるから帰してくれ」と言って同行を拒絶した。

③　警察官は甲に対する不審の念を拭いきれず、なんとかして署に連行しようと考え、路上に横たわっている甲の身体に両脚をまたぐようにして甲の着衣を引っ張った。そのとき、起こされまいとした甲が両脚をばたつかせて抵抗したところ、甲の脚がY警察官の脚部に数回当たり、さらになおも警察官が甲を引き起こそうとした際、甲が警察官の肩の辺りをつかんで立ち上がろうとしたため、警察官の制服の肩についていた警笛を鎖とともに引きちぎってしまった。

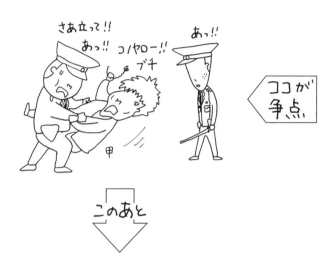

④　警察官は「公務執行妨害の現行犯人として逮捕する」と告げ、駆けつけた警察官の応援を得て甲を警察署に連行した。

本件で公務執行妨害罪が成立するかどうかは警察官が行った追跡・同行・身体強制の行為が警察官職務執行法に基づく正当な職務執行だったかどうかで判断されます。
それでは行為ごとに判決文を見てみましょう。

> **判決要旨①**
> 被告人を挙動不審者と考えた警察官が、被告人に声をかけて呼び止めた行為及び逃走した被告人を追跡した行為は、正当な職務行為に当たる。

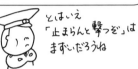

> **判決要旨②**
> しかし、停止した被告人の腕をとって連行した行為が適法かどうかは疑問である。
> なぜなら、被告人が停止し、警察官が追い付いて向き合った付近は住宅街の狭い通路であり、車や人の往来も皆無に近いところであって、同所で職務質問を行うことは被告人にとって何ら不利ではなく、交通の妨害にもならないことは明らかである。したがって、まったく職務質問をせず「なぜ逃げたのか」「本署に来い」と命ずることは違法の嫌いがあるといわねばならない。

> **判決要旨③**
> しかし、それはそれとして、警察官に腕をとられて同行を促された被告人が、任意同行を承諾したものと解したとしても、被告人としては、その後いつでもその意をひるがえして同行を拒むことができるのであるから、被告人が路上で横になって「明日勤めがあるから帰してくれ」と同行を拒絶し、かつ、同所が午前4時すぎで人車の往来もなく、人気も少ない場所である以上、挙動不審者を取り扱う警察官に許される行為としては、横になった被告人に対し、そのままの状態で職務質問を行うか、又はあくまでも言語による説得によって納得させ、本署、交番等への同行を承諾させることに限られたのであって、被告人の意に反しその身体、着衣に手をかけて引き起こし、連行を継続しようとすることは、もはや許されなかったものと解さなければならない。
> 以上のことから、警察官が被告人の身体に手をかけ、連行のため引き起こそうとした行為は、警察官職務執行法第2条所定の適法要件を欠いた違法な職務執行である以上、これに対して被告人が相応の抵抗をすることを禁ずることはできない。
> よって、本件の罪は阻却される。

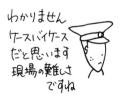

| 15 | 犯罪を疑わせる等の合理的、客観的な理由がなく警察官の主観的な観察のみに頼って行った職務質問及び同行要求は不適法である。 |

（京都地判昭 43.7.22）

◇ 事案の概要

① 甲は、勤務先の職場を退職し、職さがしに出かけ、午前10時頃、K劇場前に立ち寄り、そこに掲げてあった表看板を眺めていた。

② 警察官は、その日、侵入盗犯検挙月間の初日に当たるため、私服で警ら中、粗末なジャンパーとズボンをまとい、天気がよいのに泥のついた古いゴム靴をはき、古新聞を折って入れた紙袋を提げている甲の姿を認めた。その際、警察官は、午前10時頃に劇場の看板を眺めているのは不自然であるし、その服装等からして、他の場所で犯罪を犯してきた者ではないだろうかとの疑念を抱き、甲に職務質問をし、付近の交番に同行を求めた。

③　これに対し、甲は、これに応じないでその場を去ろうとしたため、警察官が更に追尾し背後から手をまわして甲の左腕をにぎり、ズボンのベルトを持つなどしながら、甲に交番まで同行を求めた。

④　甲は、「交番に行く必要はない」と怒鳴りながら、隠し持っていた折りたたみナイフで警察官の右横腹を突くなどの暴行を加え、警察官の職務の執行を妨害した。

判決要旨①

　およそ公務執行妨害罪が成立するためには、公務員の「適法な職務の執行」に対し、暴行・脅迫が加えられたものであることを必要とする。そして、その職務行為の適法性を判定する基準は、当該公務員が職務を執行するにあたり、単に主観的に適法なものと信じただけでは足りず、その当時における具体的な状況に照して、客観的な見地から正当な職務の執行と認められる合理性がなければならないと解すべきである。

警察官の行為の違法性について

判決要旨②

　被告人が、午前10時ころ、劇場前で表看板を眺めていたとしても、そのこと自体決して不自然な挙動と認めることはできない（現にその際、被告人のほかにも一人同劇場前で表看板を眺めていた。）。

　被告人が着用していたジャンパーやズボンは、いずれも粗末なものだったようであるが、特に汚れていたり破れていたりしたものでないことが認められる。

　また、靴は、使い古したものではあるが、特に汚れてもいない。

　そして、被告人のその当時の頭髪も普通の状態であったことが明らかであるから、その際における被告人の服装は、一般労働者と異なるところがなく、それらのことからは、少しも不審点はない。

　また、被告人は、警察官と目が合うや、その場から歩きかけたことが認められるが、警察官は、当時、一般人と同じ私服で警らしていたのであって、後に警察手帳を出して示すまでは、同人が警察官であることを被告人は知らなかった。

　したがって、被告人の歩きかけた動作をして不自然な挙動とみるのは相当でなく、まして、被告人はその場から逃げ出そうとしたものと認めることはできない。

　以上のことから、警察官は、具体的諸状況に照らし、何ら犯罪を疑わせる合理的な理由がないにもかかわらず、主観的な観察によって職務質問を行い、付近の交番に同行を求めたのであるから、適法な職務の執行と認めることはできないことは明らかである。

　よって、被告人が、同行を拒否し、これを免れるため本件暴行に出たとしても、公務執行妨害罪は成立しないといわなければならない。

厳しいなぁ…

判決要旨③

　また、被告人は、何ら悪事をしていないので「行く必要はない」といって同行を拒否し歩き出したにもかかわらず、警察官が、被告人を追いかけ、背後から被告人の左腕を握り、さらにズボンのベルトを持ったりして、「何で話の途中で逃げるようなことをするのや、何か警察でいわれんようなことをしているのか」などと追求しながら交番に同行しようとしたことから、被告人は、警察官を脅かしてその行為を止めさせようと考え、ズボンのポケットに入れておいた折たたみ式果物ナイフを取り出し、脅かすつもりで警察官に突きかかったことが認められる。そして、被告人のこのような行為は、警察官の違法な職務質問ないし同行に対し、自己の権利を防衛するために行ったやむことをえない反撃行為と認めるのが相当である。よって、被告人の本件暴行は、正当防衛としてその違法性が阻却されるものといわなければならない。

おなじく

だって疑わしいこと何にもしてないんだもん
※イメージ
ナイフもちょっと脅しただけだもんね

ナイフによる暴行について

| 16 | 窃盗犯人である疑いが濃い被疑者を、立ち止まらせるために肩に手をかけ、あるいはその際に、仮に暴行に至らない程度の有形力の行使があったとしても、本件の場合は逮捕と同一視するほどの強制力とはいえず、警職法第2条にいう適法な職務質問である。

(長崎地決昭 44.10.2)

◇ 事案の概要

① 警察官が、鉄工所内で発生した鋼材盗難事件の贓品捜査をしていたところ、贓品が地金商Aに甲という名義で売却されていることが判明したので、警察官がAに対し、「再度、甲が鋼材の売却に来た場合は署に連絡して下さい」と依頼していた。

② その後、Aから「甲という者が鋼材を売りに来ている」という電話があったので、警察官がA店に急行した。そして、警察官がA店前にいた甲（被疑者）に対し、「持って来ている鋼材はどうしたのか」と問いただしたところ、甲がいきなり逃げ出したので、警察官が追尾した。

③　追跡開始後、約100メートル走ったところで警察官が追いつき、「なぜ逃げるか、ちょっと待て」と言って後ろから甲の肩に手をかけ、その前に回ったところ、甲が立ち止まった。

④　そこで、警察官が職務質問を続行したところ、当日持参した鋼材は盗んだものである旨を自供したが、警察官は、その鋼材の被害確認をしなければ犯罪の成否が判明せず、緊急逮捕の要件を満たさないものと判断し、被害者確認等の目的と、かつ現場には商店が並び、人目をひいていたので、その場で職務質問をすることが甲に不利であり、同地点の前にある商店には車が出入りする関係で交通の妨害となるおそれもあったので、甲に対し、署までの同行を求めたところ、甲がこれに応じた。

⑤　警察官が甲を取り囲む格好で自動車まで行き、署へ同行し、被害者確認等をし、この段階で緊急逮捕した。

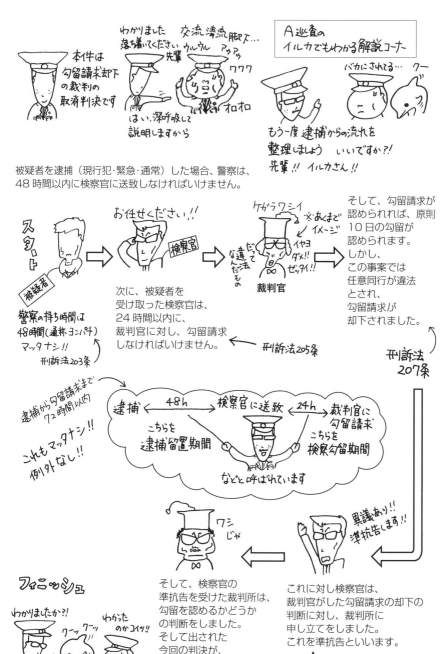

判決要旨

　警察官が被疑者を追尾して立ち止まらせた段階において、被疑者の肩に手をかける等の有形力の行使があったとしても、これが逮捕と同一視するほどの強制力であるとはいえず、しかも、本件のように被疑者が窃盗犯人であるとの疑いが濃い場合にあっては、本件行為は警察官職務執行法第2条にいう職務質問あるいは職務質問に随伴する行為であるということができ、さらには、被疑者が観念して不服の態度を示さず同行に応じたというのであるから、同法にいう適法な任意同行であると認められる。

　そして、同行後、被害者の確認等の捜査をした段階において緊急逮捕したのは、刑事訴訟法第210条の緊急逮捕の要件を充足し、適法にされたものと認めることができる。

　さらに、刑事訴訟法第60条第1項について判断すると、本件被疑事実について被疑者が罪を犯したことを疑うに足りる相当な理由があると認められ、被疑者は前科5犯を有し、無為徒食の身で、単身であることなどを考えると、釈放することによって被疑者が逃亡すると疑うに足りる相当な理由があるものと認められる。

　よって、本件勾留請求については、被疑者を勾留する理由があるというべきであり、これを却下した原裁判は失当である。

警察官が職務質問中逃げ出した不審者を追いかけ、同行を拒否している相手の手首等を握って交番まで同行し、その後、窃盗容疑で緊急逮捕した行為は警職法第2条にいう任意同行に当たらず違法である。

(大分地判昭 44.10.24)

◇ 事案の概要

① 甲は、午前1時20分頃、飲酒酩酊してA方前路上に駐車してあったA所有の自動車に無断で乗り、エンジンを始動することなく下り坂を走行したあと、ガード下で停車し、車を降りて歩きかけたところ、警ら中の警察官に現認された。
　警察官は甲に対し「どこまで行くのか」「免許証は」等と職務質問したところ、甲が「ちょっと向こうまで」「免許証は車のところにある」などと答えた上、自動車の方向へ歩き出したが、突然、走って逃げようとした。

② 警察官は、甲の跡を約80メートル追いかけ、やっと甲に追い付き、「なぜ逃げるのか」と質問すると、甲は「酒を飲んで運転したから逃げた」と答えた。

③ 警察官は、甲を交番まで同行するため、2名の警察官が右と左にまわって甲の手首等を握った上、約100メートル離れている交番まで同行することを告げたところ、甲は警察官に対し「別に悪いことをしたわけではないから放せ」と言って、警察官が握っている両手を左右に振り、拒否の態度を示した。

④ その後、警察官は、午前1時40分頃、甲を交番へ同行した上、所持品の提示を求める等の取調べを行ったところ、甲が自動車免許証を提示した。その間、1名の警察官が自動車のナンバー等の調査に行き、車内から車検証を取り出し、A方に調査したところ、当該自動車は、20分くらい前に何者かに盗まれていることが判明したので、交番に帰り、甲の乗車していた自動車が盗難車であることを告げた。

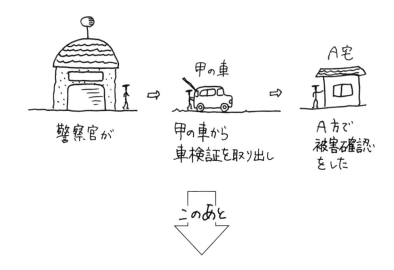

⑤ 午前2時30分頃、自動車の窃盗罪で甲を緊急逮捕した。

判決要旨①

　本件の場合、被告人の行動を現認した以上、警察官として、職務質問し、逃走した被告人を追跡し、交番まで任意同行を求めることは当然できる。
　しかし、相手方がこれを拒絶した場合、警察官としては、強制にわたらないようにして交番等まで同行するため、警察官としての英知を傾け、臨機適切な方法により必要な努力を払い、その職責を遂行する責務がある。しかし、そうであるにもかかわらず、本件の警察官は、その努力を尽くすことなく、安易に強制的な方法により交番まで連行したものであるから、これは任意同行ではなく、逮捕行為に該当する。

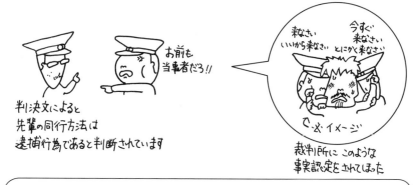

判決要旨②

　したがって、違法な逮捕に引き続く取調べもまた違法であるから、交番における取調べを適法な「公務の執行」と解することはできない（仮に、警察官が適法な職務行為だと信じていたとしても、客観的にみて適法な公務執行と認められないときは、適法な職務行為とは認められない。）。
　さらには、違法な逮捕行為の後に行われた緊急逮捕もまた違法なものとなるから、本件逮捕を適法な緊急逮捕と解することもできない。
　このような違法な職務行為に対しては、相手方が正当防衛行為をすることができるのは当然であるから、被告人が警察官に暴行を加えても、公務執行妨害罪が成立するいわれはない。
　したがって、公務執行妨害、傷害の各罪は成立せず、刑事訴訟法336条により、被告人に無罪の言渡しをする。

1　判例から実務を学ぼう　47

18　同行を拒否し逃走しようとする被疑者の両脇に、警察官が付き添いながら同行した行為は、逮捕に当たる違法な任意同行とした勾留請求を取り消した事例

（名古屋地決昭 44.12.27）

◇　事案の概要

①　午前9時30分頃、駅の業務員が、駅構内のコインロッカーからダイナマイト25本、雷管35本を発見し、警察署へ通報した。その後、数名の警察官がロッカー付近に張込中、同日午後6時7分頃、当該ロッカーの施錠を開けようとしていた甲を発見したことから、直ちに職務質問し、引き続き交番へ任意同行を求めた。

②　ところが甲はこれを拒否し、ホーム方向へ逃走しようとしたため、2～3名の警察官がそれを制止し、甲の両脇に付き添い（甲は両腕をとられたという。）、交番まで同行したが、甲はその途中、警察官らを振り払おうとしたり、助けを求めたりした。

③　甲は交番に同行された後、所持品を検索された結果、定期券、ロッカーの鍵などが発見され、鍵が前記ロッカーと合致したため、火薬類取締法違反の容疑を深めた警察官から鍵の提出を求められた。しかし、甲はこれに応じなかったため、警察官は、この鍵を遺留品という形で領置した。その間、甲は「帰してもらいたい」と何度も申し出たが、警察官から「身の証しをたてたらどうか」などと言われて申出を受け入れてもらえなかった。この間3名ないし6名くらいの警察官が終始甲に付き添い監視していた。

④　午後7時30分頃、甲は、警察署の警察官から本署までの同行を求められ、甲はこれを拒否したが、結局、徒歩で、約3〜4分ほど先の警察署に連行された。その間、甲の態度に逃走や奪還されるなどの気配があったため、それを防止するため甲の両脇や後部などに4〜5名の警察官が付き添っていた。

⑤ 警察署に到着後、甲に対し逮捕状が執行されるまで、人定事項、本件事実関係等について多少の質問があったが、甲は黙秘していた。その間、終始、甲には1〜2名の警察官が付き添っており、甲は何回か「帰してほしい」旨申し出たが「身の証しを立てれば帰す」と言われ、結局、署の外には一歩も出ることがなく、しかも甲が1度トイレに行った際も警察官が同行した。

⑥ 甲を警察署に連行した後、警察官による捜査報告書等の作成が行われ、同日午後9時頃、裁判所へ逮捕状を請求し、通常逮捕状の発行を受けた上、翌日の午前0時20分、甲を通常逮捕し、同日午後3時30分、検察庁に本件を送致した。

判決要旨

本件の被疑者が、任意同行を求められた際、その意思に基づいてこれに応じたとは到底認められず、むしろ逮捕と同一視することのできる程度の強制力を加えられて交番へ連行されたものといわなければならない。

しかし、この時点において、関係記録によれば、
○ 各ロッカーとも鍵は1個しかないこと、
○ 警察官が「中に何を入れたんだ」と尋ねたところ「4日ぐらい前に入れたんだが」と答えたこと、
○ ロッカーには同月17日からダイナマイト等が入れられ、22日午前9時30分頃、職員が発見していたこと、
○ 任意同行を求めた際、被疑者が逃走しようとしたこと、

等の事情を総合すれば、ロッカーを利用してダイナマイト等を所持していたことを疑うに足りる充分な理由があるとして、被疑者を緊急逮捕することができたものと考えられる。

ただし、警察官は、任意同行のつもりであったため、緊急逮捕の手続を直ちにしてはいないが、結局それらは通常逮捕（注～緊急逮捕も通常逮捕に含まれる。）手続の一環として行われており、しかも前記逮捕が行われたと認められる時から48時間以内に検察庁へ送致する手続がとられているのであるから、強制力を伴う任意同行を行ったという法律上のミスは、本件勾留請求を違法とするほど重大なものとは考えられない。

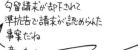

任意同行の方法に問題はありますが、同行した時点で
○ 緊急逮捕の要件を充足していること
○ 同行のあと正しい手続で逮捕していること
○ 検察庁への送致がこの時点から48時間以内になされていること

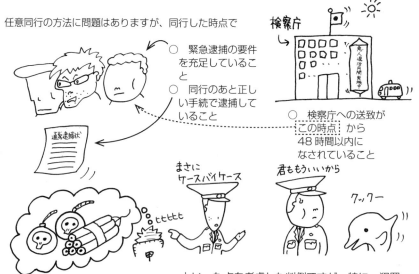

といった点を考慮した判例ですが、特に、犯罪の内容が凶悪で、このまま放置すれば重大な結果になりかねないことから、警察官の職務執行に適法性が認められたものと考えられます。

警察署の自動車に自ら進んで乗車した被疑者を警察官2名が同乗して同行した行為は逮捕には当たらず、任意同行である。

(岡山地決昭 45.12.22)

◇ 事案の概要

① 甲に対する銃砲刀剣類所持等取締法違反、火薬類取締法違反被疑事件の逮捕状の発付を受け、警察官が、12月19日午前7時頃、被疑者方に赴いた。

② 到着後、警察官が、甲に対し「拳銃の用件じゃ、署まで来てくれ」と言って同行を求めたところ、甲は警察の自動車に自ら進んで乗車し、警察官が運転、同乗して、同日午前7時30分頃、警察署に到着した。他の警察官は、捜索差押許可状に基づき、直ちに甲方を捜索したが、拳銃は発見されず、捜索は午後0時30分頃終了した。なお、前記同行を求めた際、警察官は逮捕状を所持していた。

③ 警察官は、同日午前7時30分頃から、甲の取調べに着手したが、甲は、拳銃の不法所持の事実は、全く身に覚えのないことであるとして否認したが、拳銃の実包の不法所持については、同日午前11時頃自供するに至った。

④ 警察官は、甲の態度のほか、同件で共犯者が逮捕されたとの情報等から、19日午前11時45分、甲に対し、逮捕状を執行し、21日午前9時30分、検察庁に送致する手続がされ、同日午後2時40分裁判所に対し、勾留請求がされた。

⑤ 裁判所は、「自動車で連行された時点において実質的には逮捕されたと認められること、仮にその時点で逮捕されたと解しないとしても、警察署において、取調べを受け始めて約1時間を経過した遅くとも19日午前8時30分頃には逮捕されたものと解する。

そして、検察官に送致されたのが、同月21日午前9時30分であるから、逮捕から48時間が経過しており、本件逮捕手続は刑事訴訟法第203条第1項に違反した違法なものである」との理由で、勾留請求を却下した。

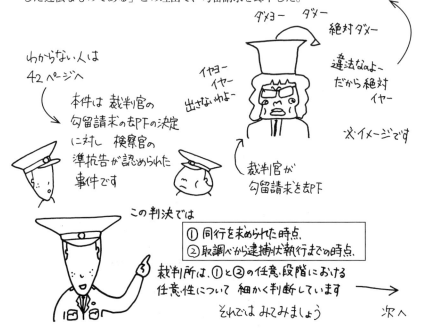

判決要旨①

まず、被疑者が同行を求められた時点で逮捕状態におかれたか否かについて検討する。

逮捕とは、実力を用いて身体を拘束することであるが、必ずしも身体の直接的拘束をする必要はない。本件では、早朝、朝食もせず警察官2名と同署の自動車に同乗したとはいえ、被疑者は、逃走する気配もみせず、自ら進んで自動車に乗車したものであり、同乗した警察官1名は運転、他の1名が後部座席に被疑者と同乗したにすぎず、いまだ実力による身体の拘束がなされたものとは認め難く、この時点において被疑者が逮捕された状態にあったと解する原裁判（注～勾留請求を却下した裁判官の判断のこと）の判断は相当でない。

判決要旨②

次に、被疑者を取り調べた後、逮捕状を執行するまでの間、被疑者は実質的に逮捕された状態にあったと解すべきか否かについて検討する。

逮捕状の発付を得ていたのにかかわらず、被疑者を連行後直ちに逮捕しなかった理由は、被疑者をまだ取り調べておらず、かつ目撃者もけん銃を手に取って見てないこと、極めて精巧なモデルガンが出回っていること、けん銃が押収されていないこと、共犯者の身柄が確保されていなかったことなどの事情を考え、逮捕状の執行を慎重に行おうとしたためであると認められ、これをもってことさら逮捕状の執行を遅らせたものとは認められない。

しかも、取調べの場所は、調室ではなく、署の宿直室であり、数名の警察官が取り囲んで取り調べるなどの状況ではなく、被疑者自身も拘束されていると認識していなかったと認められることから、逮捕された状態にあったとは解しがたい。

こういった状態に被疑者は約4時間おかれていたのであるが、時間の長短ではなく、その判断は実質に即して考えるところ、前記のような慎重な配慮をし、十分な心証を得るための時間として4時間程度の時間が長すぎるとは言い難いものがある。

そして、被疑者の否認の態度、関連被疑者の身柄が確保されたとの情報を契機に、逮捕状の執行にふみ切ったものと認められ、これらの判断が誤っていたとは認めがたい。

よって、被疑者は罪を犯したと疑うに足る相当の理由があると認められ、更に、被疑者は犯行を否認していること、被疑者及び関係人が暴力団関係者であること、本件けん銃が差し押さえられていないこと等に照らし、罪証を隠滅すると疑うに足る相当の理由があり、かつ勾留の必要性があると認められる。

同行に応じようとしない被疑者の両側と後方に警察官がつき、洋服の袖をつかむなどして同行した行為は、任意の意思に基づいたものとはいえないとしながらも、勾留請求を認めた事例

(京都地決昭 47.4.11)

◇ 事案の概要

① 警察官が、自動車の炎上事件について捜査をしていたところ、その犯人が甲であるとの容疑を深めたので、逮捕状の発付を受け、甲の所在を捜索していた。

② 某日、甲が病院から出てきたので、その付近の路上で待機していた警察官らはこれを追尾しようとした。ところが、病院の表門から道路を約20メートルも行かないうちに、その気配を察した甲は小走りに立ち去ろうとする様子を示したため、警察官が、甲に警察手帳を示した上「甲君ですか」と質問し、甲がこれを否定したので、さらに「それでは住所と名前を教えてもらいたい。甲君ならば逮捕状が出ている」と告げたが、甲は「甲ではない」などと言って否定し続けた。

③ 警察官は、甲であるとの疑いを強めたが、現場が暗かったこともあって甲と断定できないと考え、甲に対し、「すぐ近くに交番があるからちょっと来てくれ」と同行を求めたところ、甲はこれを拒否した。しかし、警察官は、なおも執拗に同行を求め、警察官が甲を挟むようにして両側に並び、残り1名が甲の5、6メートル後方を追尾する形で、約150メートル離れた交番まで甲を同行した。

④ その際、警察官は、甲が逃走しないようにと、職務質問をした場所から約20メートルほど、甲の両側から両腕の洋服の袖をそれぞれつかんで同行を促すようにし、その後は、数か所の道路を横断する場合だけ同様に袖をつかんでいたが、それ以外の逃走の可能性が少ない道では手を離していた。なお、同行の間、甲は口では抗議したが、特に暴れたり、逃走を図ろうとしたことはなかった。

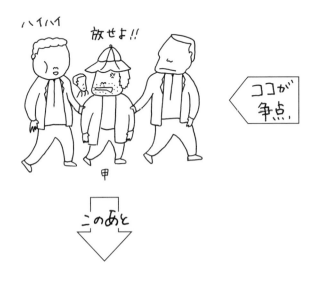

⑤ 警察官は甲を同行して交番に到着したが、甲はなお自分が甲であることを自認しなかった。そこで、改めて甲の手配写真と顔を照合し、甲が着ていた背広の内側のネーム跡に「甲」と読み取れる痕跡のあることなどを確認した上、その者が甲に間違いないとの確信を深め、甲に対し、被疑事実の内容及び逮捕状が発せられていることを告げて逮捕した。

判決要旨①

まず、警察官が、被疑者を路上から交番まで同行した一連の行為は、被疑者に対しある程度の有形力を用いたものと認めるのが相当であり、これに、任意同行を拒否する態度を示していた被疑者に対し、警察官が執拗に同行を迫ったことなどを考えると、被疑者は任意の意思に基づいて同行に応じたものとはとうてい認められず、警察官の同行行為は、警察官に許容された職務行為の範囲を逸脱したものと評価するほかない。

この決定では まず前段で、任意同行の段階で任意性が否定されています

判決要旨②

　しかしながら、逮捕手続における瑕疵のすべてが勾留請求を違法に導くというべきではなく、その勾留請求が違法となるか否かは、逮捕手続における瑕疵の程度に応じてこれを具体的に判断すべきと解するのが相当である。
　本件では、被疑者に同行を求めた時点において、その者を被疑者甲と疑うに足りる合理的な事情があったのであるから、その際、被疑者に対し、逮捕状の緊急執行に着手していたとしても違法とはいえない状況であり、また、警察官が被疑者に同行を求めたのは、誤認逮捕を避けようとした慎重な配慮によるものであって、その時間的、場所的間隔からして、いわゆる時間稼ぎ等の不当な意図に出たのではなく、さらに、同行開始時点において、警察官は被疑者に対し逮捕状が発せられている事実を告げているうえ、その後には正規の逮捕状緊急執行の手続がとられ、かつ、同行開始時から起算しても48時間以内に検察官送致の手続がなされているのであるから、これらの事情からして、前記逮捕手続の瑕疵は、本件勾留請求を違法にさせるほど重大なものとは考えられない。したがって、右の逮捕を前提とする本件勾留請求は適法と解すべきである。

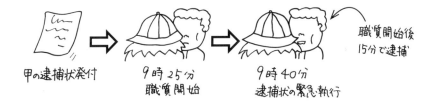

窃盗の疑いのある者を職務質問し、任意に同行中逃げ出したので追いかけて停止させ、交番から捜査用車で本署に同行した行為は、いまだ逮捕と同視し得る強制力を加えたとはいえない。

(東京地決昭 47.12.8)

◇ 事案の概要

① 警察署に対し、「カメラ2台が盗まれた」との盗難被害届があったことから、警察官(刑事)が捜査に当たっていたところ、管内の古物店「N」の主人Aから、「甲なる男が、けさ自分の留守中に不審なカメラ2台を売りに来た。代金はあとで取りに来るからといってカメラを置いて帰った」との連絡を受けた。

警察官(刑事)は、直ちに「N」に急行してカメラを調べたところ、品名、型式等が被害届のカメラに酷似していたため、甲に対する窃盗の容疑が強まり、任意提出を受けるとともに、Aに対し、「再度甲が来たらすぐに署に連絡するように」と依頼して、被害確認のために帰署した。その後、警察官(刑事)が、Aから「甲が来ると言ってきた」との連絡を受けたので、直ちに近くの交番に勤務していた警察官に、「古物商Nに窃盗犯人らしき男が立ち寄るから、職務質問してくれ」と指示し、交番の警察官が古物商Nに急行した。

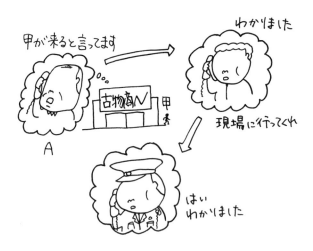

② 古物商Nに向かった警察官は、路上で甲とたまたますれ違った。その際、甲の挙動に不審を抱いたため、これを呼び止め、氏名、職業、行先等について職務質問を開始した。

③ 職務質問に対し、甲は、自己の名刺を手渡して氏名等は明らかにしたものの、その他の質問は避け、再び歩き出してその場から立ち去ろうとする気配を見せたため、警察官は、甲の態度に不審を抱き、「もう少し聴きたいことがあるから待ってください」などと言いながら軽く肩に手をかけて停止を求めたが、甲はこれにとりあわなかった。

④　警察官は、約100メートルくらい進んだところで甲の前に立ちふさがって停止させ、甲が所持しているカバンの中を見せるよう求めると、甲はこれを拒否していたが、警察官の説得によりようやく中を見せた。警察官が中を見ると、書類のほかラジオらしいものが入っており、警察官がさらに追及すると、「友人から借りてきた」とあいまいな説明をするなど、甲の態度に不審な点が多かった。

⑤　警察官は質問を続行する必要を認め、かつ、同所が人通りの多い白昼の公道であったことから、約100メートル離れた交番まで同行を求めると、甲は当初「用があるなら夜来てくれ」などと答え、これを拒否する態度を示していたが、警察官が後方から肩を軽く押したため、ようやく交番の方に向かって歩き出し、警察官もこれと並んで交番に向かった。

⑥　ところが、交番前の交差点まできたところで、突如、甲が「おれは帰る」と言いながら反転して交番とは反対の方向に走り出したため、警察官は甲が逃走するものと直感し、約5、6メートル追いかけてその前面に立ちふさがって甲を停止させたところ、甲は渋々再び交番の方に向かって歩き出した。

⑦　交番に到着後、甲を椅子に座らせ、その後3、4分して交番にやって来た警察官（刑事）が甲に質問し、甲が「甲」であることを認めたので、Aに確認させた上、本署まで同行を求めたところ、甲はこれを承諾して捜査用の車に乗り込んだ。
　そして、署の取調室において甲の取調べを行った結果、甲が本件窃盗の被疑事実を認めたため、被害確認を得た上で、甲を緊急逮捕した。

62　警職法第２条　質問

先輩…
争点を もう一度 整理しましょう

　同行の方法が任意同行の範囲を逸脱し、実質的に逮捕にあたるか否かについて検討する。
(1)　警察官が、職務質問開始後、約100メートル追尾し、肩を押して交番に行くよう促していること。
(2)　途中、甲が同行を拒否して逃げ出そうとするや、これを追いかけ、その前面に立ちふさがって停止させたこと。
(3)　さらに交番から本署に向かう際、甲を自動車の後部座席中央に乗せ、その周りに警察官4名が同乗していること。
等が認められる。

上記争点に対する裁判所の判断はこうなりました

判決要旨

　しかし、(1)については、甲が検察官に対し「肩に手をかけられた程度で暴行という程のものではありません。」と述べており、また(2)、(3)についても、違法な行為と解すべき根拠はない。また、
○　現場は比較的人通りの多い公道で、しかも時刻は午後の4時頃であったこと、
○　同行を求めた場所はわずか約100メートルの距離にある最寄りの交番であったこと、
○　甲は渋々ながらも一応任意に鞄の中を見せていること、
○　同行の方法も並んで歩くというもので、途中、会話があったこと、
○　交番に到着後、甲は退去しようとする素振りを示した形跡はなく、本署への同行を承諾して車に乗り込んでいること、
○　結局、甲が窃盗罪を犯したものであることを認めていること、
等が認められ、以上を総合すると、不当な強制力が加えられたものとは認められない。

この判例から学ぶべきことは何かな？答えてみろ

あっ!!
ギクッ
課長!!

はい　職務質問等に伴う有形力の行使の適法性の認定は常にケースバイケースであります
したがって、肩に手をかけるまでは許されるとか、立ちふさがるまでは良いなどと考えるべきではなく、逆に任意だからそれらの行為が絶対に出来ないということでもありません

我々は判例に学び相当性や適法性を考えながら積極的な職務執行としていかなければならないと私は考えています

ペラペラ

イヤー　立派な答えだ　たいしたもんだね　君は

いえ　当たり前のことを言っているだけですから

交通の妨害のない道路上で職務質問を行い、同行を拒否した者を無理に同行しようとする行為は違法である。

(岡山地裁倉敷支判昭46.4.2)

◇ 事案の概要

① 甲は、かねてから好意を寄せている高校生Aをボウリングに誘い、Aとその友人のBとボウリング場へ行ったが、満員のため駅前の喫茶店で飲食したのち駅前を徘徊していたところ、Aらに対する暴行事件を惹起した。

② 通報により警察官が現場に急行したところ、甲、A及びBが向かい合って何か話していた。警察官は3名に「どうしたのか」と事情を尋ねると、Aが何も答えず急に泣き出したので、警察官は、Aが甲をおそれて被害の申告ができないでいると判断し、甲とAとBに対し、交番まで同行を求めた。

③　すると、ＡとＢはこれに応じて同交番に赴いたが、甲は、交番と反対の方向に逃げ出し、酒酔いのため足がもつれて路上に転倒した。その後、甲は、追跡してきた警察官に左右から抱きかかえられるようにして約60メートル進んだが、そこで同行を拒み、「何もしておるまあが。わしの女じゃけんよかろうが」「二人の女は帰らせえ」などと叫んでついに路上に座り込んだ。

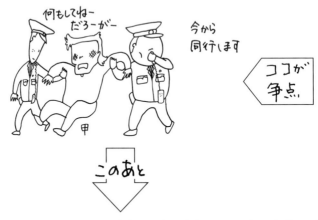

④　警察官が甲に対し、「静かにせえ」「ええから行けえ」などと同行に応ずるようせき立てると、立腹した甲が、警察官から逃れるため暴行に及んだ。

> **判決要旨**
>
> 　甲ほか2名を路地において職務質問したことは問題ないが、被害者の女性2名が被告人の側で言いはばかったため、甲ら3名に、交番まで同行を求めたことについては疑問がある。
> 　なぜなら、職務質問をした場所は、幅員約2メートルの道路で、車も人も皆無であり、同所で職務質問を行うことは被質問者にとって不利益ではなく、交通の妨害にもならないことは明らかであるからである。
> 　この場合、甲ら3名が任意同行を承諾すれば、問題点はなくなるが、甲は、交番に同行することを拒み、逃走しようとしているのである。
> 　このとき、逃走者を追跡し、職務質問をすることは、正当な職務行為であるが、転倒した甲を引き起こし、警察官が左右からはさみかかえるようにして交番まで連行しようとすることは、もはや許されない行為といわなければならない。
> 　甲が交番までの同行を拒めば、その場で職務質問を行うべきであったにもかかわらず、約150メートルも離れた交番まで前記のような方法で連行することは、違法な行為というべきである。
> 　よって、警察官の違法な職務執行に対し、甲が抵抗したとしてもこれを禁ずることはできない。

交番に同行中に後もどりをする者に手錠をかけ、連行した行為は、違法である。

(東京地判昭 48.3.17)

◇ 事案の概要

① 甲は、夜、横断歩道付近で、横断用の小旗を振り、大声を出してタクシーの停車を求めていた。

② 警察官がこれに気付いて甲のもとに行き、「何をしているのか」と注意をしたところ、甲は警察官を無視するような態度をとったので、さらに甲の住所、氏名を尋ね、交番まで来るようにうながした。すると、甲が「生意気なことを言うな」と言ってこれに反抗したため、両者の押し問答が始まった。

③　両者はしばらく言い争った後、交番の方へ向かって横断歩道を渡りかけたが、その途中で甲が後もどりをしたので、警察官は左手で甲の右手首を、右手で甲の左手上腕部をつかみ交番へ連行しようとした。

④　甲はこれを振り放そうとして警察官ともみ合いとなり、両者ともそこに転倒した。警察官は、すぐに起き上がり、甲を引き起こしてさらに交番へ連行しようとしたところ、甲がいきなり警察官の頬を殴打した。

⑤　警察官は、なおも甲の手を引っ張って交番へ連行しようとしたが、甲が抵抗を続けたので、警察官が甲に馬乗りになって手錠をかけた。

1 判例から実務を学ぼう　67

警察官は現場で
道交法違反として検挙すべきか
あるいは
酔払いとして保護すべきか
迷ったようです
そして同行を求めたが甲は応じず
押し問答となりました

判決要旨

　警察官職務執行法第2条によれば、異常な挙動その他周囲の事情から合理的に判断して何らかの犯罪を犯し、もしくは犯そうとしていると疑うに足りる相当な理由のある者であっても、刑事訴訟に関する法律の規定によらないかぎり、その意に反して交番に連行することができないとされているのであり、警察官の行為は明らかに警察官職務執行法第2条に違反するものといわざるをえない。

　また、警察官は、甲を道路交通法違反の現行犯として逮捕するつもりであったように供述しているが、一方では、公務執行妨害罪で逮捕したとも述べており、警察官の供述は採用することができず、警察官が甲を道路交通法違反により逮捕したものと認めるに足る証拠はない。また道路交通法違反による現行犯逮捕として刑事訴訟法の手続が行われたと認めるに足る証拠もない。

　なお、甲は救護を要するほど酔ってはおらず、警察官の行為が警察官職務執行法第3条による保護の措置に出たものでないことも明らかである。

　以上のことから、警察官が甲を交番へ連行しようとした行為は違法な行為であり、これをもって適法な公務の執行ということはできないから、甲がこれに抵抗し、あるいはその間に警察官を1回殴打したことがあったとしても、これをもって公務執行を妨害したと認めることはできない。

むっかしいことですが、こういった状況では
道交法違反で検挙できるのか
めい規法で保護できるのか　あるいは
警職法を根拠として質問を継続するのか
という判断を明確にした上で
それに応じた対応をするべきですね
分かりますか？班長さん!!　クーッ

調子にのりやがって
アイツら…

〈自動車検問〉

<24> 自動車の窓から手を差し入れてスイッチを切った行為は適法である。
(最決昭53.9.22)

◇ 事案の概要

① 警察官が交通違反の取締りに従事中、甲が運転する車両が赤信号無視をしたのを現認したため、同車を停止させて甲に違反事実を告げたところ、甲は違反事実を自認し、自動車運転免許証を提示した。警察官は、さらに事情聴取のため、パトロールカーまで任意同行を求めたが、甲はこれを拒否した。

② 警察官はさらに説得したが、甲がこれに応じないので、パトロールカーを甲車両の前方まで移動させた後、さらに任意同行に応ずるよう説得した結果、甲は下車した。

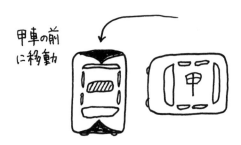

③　下車した甲は、酒臭をさせており、甲に酒気帯び運転の疑いが生じたため、警察官が甲に対し「酒を飲んでいるのではないか、検知してみるか」と言って酒気の検知をする旨告げた。
　　すると、甲は、「うら酒なんて関係ないぞ」と怒鳴りながら、警察官が持っていた運転免許証を奪い取り、エンジンのかかっている甲車両の運転席に乗り込んだ。

④　甲は車に乗ると、ギア操作をして車を発進させようとしたので、警察官が、運転席の窓から手を差し入れ、エンジンキーをまわしてスイッチを切り、甲が運転するのを制止した。

この裁判での弁護人の主張を拾ってみましょう

弁護人主張要旨

　被告人が当初から言葉遣いも荒く、反抗的な態度を取ったことは決してほめられたことではないかもしれないが、法律上は何ら問題は無いのであり任意同行を拒んだことも全く合法的で、このことから多少の強引な同行が許されるといった理屈は決して出て来ない。しかし警察官は被告人の悪態（それは決して違法ではない）にいいかげんいわば「頭に来て」おり、その挙句、被告人はさっさと自分の車に乗り込み、今や発進の気配すらみせているといった事態に直面して警察官が考えたこと、感じたことは何であったか。それはまさに「こんちくしょう、このまま逃げられてたまるか。」といった感覚である。そこには冷静な判断など入る余地はない。このエンジンスイッチ切断行為において「酒気帯び運転による危険を防止しなくては」といった意識など働くはずがない。だからこそ警察官は「おい逃げるな」と叫んでいるのである。「逃げるな」ということばには、危険防止を目的とする制止の意味は見いだせない。
　よって、被告人が警察官に対し暴行、脅迫を加えたとしても公務執行妨害罪さらには傷害罪は成立しない。

判決要旨

　本件の状況下において、警察官が窓から手を差し入れ、エンジンキーを回転してスイッチを切った行為は、警察官職務執行法2条1項の規定に基づく職務質問を行うため停止させる方法として必要かつ相当な行為であるだけでなく、道路交通法67条3項の規定に基づき、自動車の運転者が酒気帯び運転をするおそれがあるときに、交通の危険を防止するためにとった、必要な応急の措置にあたるから、刑法95条1項にいう職務の執行として適法なものであるというべきである。

1　判例から実務を学ぼう　71

　犯罪を犯しもしくは犯そうとしている者が自動車を利用しているという蓋然性があり、自動車の停止を求めることが公共の安全と秩序の維持のために是認される場合は、強制にわたらない限度で自動車の停止を求めることができる。

(大阪高判昭 38.9.6)

◇　事案の概要

①　警察官が、自動車強盗等、各種犯罪防止のための一斉検問を実施していたところ、先頭の警察官が、手にもった赤色灯火を回して走行してきたタクシーに停車の合図をした。しかし、そのタクシーが停車せずそのまま通過しようとしたため、警笛を鳴らして停車を命じたところ、少し過ぎてようやく停車した。

②　停車しなかったことに不審の念をいだいた警察官が走り寄り、タクシーの運転手に「どこから客を乗せてきたか」と質問したところ、「南から来た」と答えた。警察官としては他に不審な点もなかったのでそのまま行かせようと思っていたところ、後部座席の窓から顔を出した甲が「何をポリ公」と言って警察官の顔面を殴打した。

判決要旨

　自動車の運転者は、公道において自動車を利用することを許されていることに伴う当然の負担として、合理的に必要な限度で行われる交通の取締りに協力すべきものである。また、現在における交通違反、交通事故の状況などを考慮すると、警察官が、交通取締りの一環として交通違反の多発する地域等の適当な場所において、交通違反の予防、検挙のための自動車検問を実施し、同所を通過する自動車に対して走行の外観上の不審な点の有無にかかわりなく短時間の停止を求め、運転者などに対し必要な事項についての質問をすることは、それが相手方の任意の協力を求める形で行われ、自動車の利用者の自由を不当に制約することにならない方法と態様で行われる限り、適法なものと解すべきである。

　本件の自動車検問は、右に述べた範囲を超えない方法と態様によって実施されており、適法である。

酒酔い運転者に対し、警察官が自動車のハンドルをつかんで停止させた行為は適法である。

(仙台高裁秋田支判昭 46.8.24)

◇ 事案の概要

① 甲は、深夜、飲食店前道路において、酒に酔った状態で普通乗用車を運転して発車しようとした際、警ら中の警察官が、甲が酒酔い運転をしようとしている疑いで職務質問し、運転免許証の提示を求めたが、甲は逃走しようとして同車を発車させた。

② 警察官は、甲が酒に酔って運転していると認め、さらに停止を求めたが、甲は、これを知りながら停止の求めに従わず、速度をあげた。

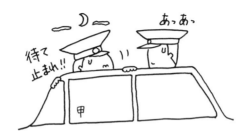

③　警察官は、甲がそのまま運転を続ければ、交通事故を惹起するおそれがあると認めたため、なんとかして甲が運転する車を停止させようと、同車のハンドル及びドアをつかんで停止を求めた。

④　しかし、甲は警察官をふり落としても逃走しようと決意し、そのまま時速約20キロメートルで警察官を引きずりながら進行し、約26メートル進行した際、電柱に衝突する危険を感じて手を放した警察官を路上に転倒させた。

判決要旨

　警察官が、深夜、飲食店から出て来て駐車中の自動車に乗り込み、これを発車させようとした被告人に近付き、運転免許証の提示を求めた際、酒臭を感じたという具体的状況において、被告人が警察官の制止を無視して発進したことから、警察官が右手でハンドルを、左手でドアをつかんで停止させようとしたことは、停止のための実力行使として必要というべきであり、かつ、社会通念上妥当な範囲内のものである。

1 判例から実務を学ぼう　75

27 「はさみうち」自動車検問は適法である。

（名古屋高裁金沢支判昭 52.6.30）

◇　事案の概要

① 甲は、路上において、盗難車を運転中、３台の捜査用自動車に前後から挟まれるようにして停止させられ、警察官から運転席側の窓をたたかれながら、窓を開けるよう求められた。

② そのとき甲は、逃走しようと自車を後退させ、後方で停止していた捜査用自動車に衝突させ、次いで前方で停止していた捜査用自動車にぶつけて逃げようとし、道路の溝に自車のタイヤを落として停止した。

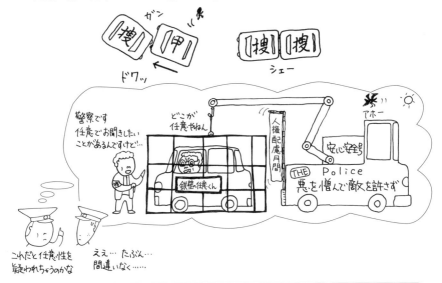

判決要旨

盗難車の前後にある程度の間隔を置いて捜査用自動車を一時的に停止することは、職務質問を行うための通常の手段として、当然、許容される。もっとも、これが逮捕、監禁にわたるような強制力を伴う措置であってはならないが、本件の行為が逮捕、監禁にわたるものとは認め難いので、違法性は認められない。

〈所持品検査〉

> 28　銀行強盗の容疑が濃厚な者が、所持していたバッグのチャックを承諾のないまま開披した行為は、事件の重大性、凶器所持の可能性、開披による法益の侵害が最小限にとどまること等から考えて、職務質問に付随する行為として許容される。
>
> （最判昭53.6.20）

◇　事案の概要

① 午後2時すぎ、銀行強盗事件が発生し、犯人は銀行から600万円余を強奪して逃走した。
　翌日午前零時10分頃、警察官が、検問で停止させた乗用車中の手配人相に似た男二人（甲と乙）に職務質問を始めた。車内を見ると、後部座席にアタッシュケースとボウリングバッグがあった。

② 甲と乙が黙秘したため、容疑を深めた警察官は、強く促して下車させ、借りた付近の事務所内に連れて行き、住所、氏名を質問したが拒まれた。さらに、持っていたバッグとケースの開披を求めたが、これも両名に拒否された。その後30分くらい、警察官は繰り返しバッグとケースの開披を要求し、両名がこれを拒むという状況が続いた。

③　容疑を一層深めた警察官は、質問を続ける必要があると判断し、両名を警察署に同行した。

④　警察署において警察官は、両名に対してバッグとケースを開けるよう何回も求めたが、両名がこれを拒んだので、同日午前1時40分頃、両名の承諾のないまま、その場にあったバッグのチャックを開けたところ、大量の紙幣が無造作に入っているのが見えた。また、ケースの鍵の部分にドライバーを差し込んでこじ開けると中に大量の紙幣が入っており、被害銀行の帯封がしてある札束も見えた。

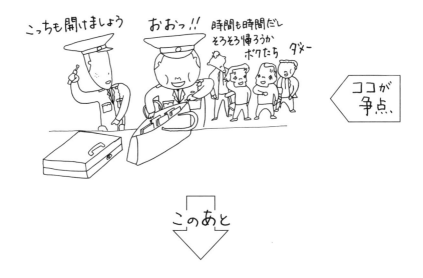

⑤　警察官は、両名を強盗被疑事件で緊急逮捕し、その場でボウリングバッグ、アタッシュケース、現金等を差し押さえた。

警職法第2条　質問

ここからは**所持品検査**が争点になります
質問と同行は明文の規定がありますが
所持品検査については警職法に定められていません
しかし、重大な犯罪に直面した疑いがあるときには
どうしても所持品検査をする必要が出てきます
そこで、所持品検査が警職法上 許されるのかどうか
許される場合、どこまでが適法となるか等について
判例から勉強しましょう

解説
ながら!!

判決要旨①
警職法は、所持品検査については明文の規定を設けていない。
しかし、所持品の検査は、口頭による質問と密接に関連し、かつ、職務質問の効果をあげるうえで必要であるから、職務質問に付随して行うことができると解するのが相当である。

職務質問に付随する行為として許される

判決要旨②
所持品検査は、所持人の承諾を得て行うのが原則である。しかし、職務質問とこれに付随する所持品検査は、犯罪の予防等を目的とし、流動する警察事象に迅速に対応するべきものであることから、所持人の承諾のない限り所持品検査は一切許容されないと解するのは相当でなく、捜索に至らない程度の行為は、強制にわたらない限り、許容される場合があると解すべきである。

相手の承諾がなくても強制にわたらない限り許される場合がある

判決要旨③
もっとも、所持品について捜索及び押収を受けることがない権利は憲法第35条の保障するところであり、捜索に至らない程度の行為であっても、あくまでも、状況のいかんを問わず常に許容されるものと解すべきでなく、質問に伴う所持品検査は、必要性、緊急性、害される個人の法益と保護されるべき公共の利益との権衡などを考慮し、具体的状況のもとで相当と認められる限度においてのみ、許容されるものと解すべきである。

しかし常にそれが許されるのではなく、具体的状況で特別に認められるものである…ということか…

判決要旨④
これを本件についてみると、警察官の行為は、猟銃や登山用ナイフを使用しての銀行強盗という重大な犯罪が発生した状況下において、甲と乙に濃厚な容疑が存在し、しかも甲と乙が警察官の職務質問を拒否するなどの不審な挙動をとり続けたため、所持品検査の緊急性、必要性が強かった反面、所持品検査の態様はバッグのチャックを開披し、内部を一べつしたにすぎないものであり、これによる法益の侵害はさほど大きいものではなく、その方法と程度も相当と認めうる行為であるから、警職法第2条第1項の職務質問に付随する行為として許容される。

爆発物を持っているのではないかという容疑が相当濃厚になった状況では、バッグのチャックを開き内容物を外から一見することは違法ではない。

(東京高判昭 47.11.30)

◇ 事案の概要

① 過激派学生が米軍基地を爆破する計画があるという情報に基づき、警察官が同基地周辺の警戒警備を実施中のところ、警察官が甲を発見した。

② 甲を発見した場所は、重点警戒地区に指定されており、一般人が通行することがない場所だったので、警察官が甲に対し、職務質問を実施したが、甲は黙って応答せず、足元にあったショルダーバッグを指して「このバッグはお前のか」と尋ねても、「私のです」と答えただけで中身については答えなかった。

③　その後、警察官が甲を約4.4メートル離れた農道まで連れ出し、他の警察官が甲がおいたショルダーバッグに外側から手で触れたところ、中に固いびんのような物体が入っていることが分かったので、甲に対し、「中を見せろ」「開けていいか」と言ったが、甲は、「いけない」「見せる必要はない」と答え、応じなかった。

④　警察官は、警備に出動する直前、過激派学生が米軍基地を爆破する計画があると聞いており、事態の推移、周囲の状況等からみて、甲が承諾しないからといってショルダーバッグの中を確認しないわけにはいかないと考え、甲に「開けるぞ」と言っただけで、その承諾を得ないでバッグのチャックを開いた。

⑤　警察官が懐中電灯で照らしながら中を見ると、大封筒に入った鉄パイプのような物、サイダーびんのような物の上部に小びんがついている物及び小さい時計のような物等が入っていた。警察官は、甲が米軍基地を爆破する目的で爆発物を所持していると認め、その場で爆発物取締罰則違反被疑者として現行犯逮捕するとともに、同バッグ及びその内容物を差し押さえた。

1　判例から実務を学ぼう　81

判決要旨①

警察官が被告人に対し職務質問をしたこと及びそのバッグに外側から手を触れたことは、警察官職務執行法による適法な行為であるが、チャックを開いて内容物を検査した行為は、強制力を用いたものであって、強制力をもたない職務質問の範囲をこえているから、その附随行為としても許されない。
（横浜地裁昭和46年判決）

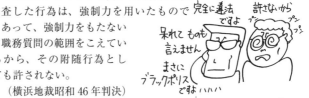

上記の地裁判決では、バッグの外から手を触れるまではよいが、チャックを開いて中を見たのは許されないと判断しています。

この事件では、地裁で違法の判決が出されましたが、検察側が高等裁判所にもう一度裁判を求めました。これを「控訴」といいます。

なお、高裁から最高裁に対する裁判の再審の要求は「上告」（じょうこく）といいます。

判決要旨②

地裁判決は、外から手を触れる以上の行為は、たとえチャックを開き、内容物を確かめるだけの行為でも、警職法上の行為としては絶対に許されないと言う。しかし、重大な犯罪についての容疑が濃厚になり、これを放置しておくのは危険であるという緊迫した状況からすれば、警察官が、「中を見せろ」といった行為および「開けていいか」と承諾を求めた行為が、警職法上の行為として適法なのはもちろん、これらが拒否された場合に、バッグを損壊することなくチャックを開き、内容物をそのままの状態で外から一見した行為も、（外形的には警職法2条1項による行為の範囲を多少こえるようにみえるが）問題になっている容疑の重大性と危険性、実力行使の態様と程度、侵害された法益と保護されるべき利益との権衡等からみて、社会的にも許容されると解するのが相当である。（ただし、念のため付言しておきたいことは、この種の行為は、あくまで具体的状況に即して、この種の行為をいつ行ってもよいと考えるのは好ましくない。この点に深く留意する必要がある。）したがって、地裁判決は、警職法2条1項の解釈を誤ったものといわなければならない。

| 30 | 職務質問をした不審者の、「探すなら勝手に探せ」との発言を任意の承諾とし、車内検査を行ったことは適法である。

(福岡高判昭50.6.25)

◇ 事案の概要

① 深夜、交差点で衝突事故が発生した。事故処理のため警察官が現場に赴いたところ、第1当事者の運転手の姿はなく、第2当事者によれば、「運転手はブルーに白線の入ったトレーニングシャツとトレーニングパンツを着用し、一見やくざ風の男（乙）であった。事故直後、逃げた」ということであったので、当て逃げ事件として手配するとともに、事故処理に当たった。

② 逃走した乙と同じ暴力団に所属する甲は、交通事故を起こした乙から連絡を受け、普通乗用車を運転して前記交差点内に車を止めて事故処理の状況を見ていた。その際、警察官が甲に気づき、甲が事故について何らかの関わりがあると判断し、甲に運転免許証の提示を求めた。すると甲は、反抗的な態度で免許証をもっていない旨を答えた。

③　警察官は、免許証不携帯で自動車を運転してはいけない旨を告げ、甲に車外に出るよう促し、甲の氏名、年齢等を尋ね、車中に免許証があるか探すよう促したが、甲が荒々しい態度で拒否したので、車内を探してもよいかと聞くと、甲が「探すなら勝手に探せや」と答えた。

④　警察官は、甲が車内検査を任意に承諾したものと認め、ダッシュボードの中を探した。

⑤　警察官が車内を捜索すると、鞘に入った果物ナイフ１本（刃体の長さ 10 センチメートル）を発見したので、これを甲に示したところ、「自分のものに間違いない」旨を述べた。警察官は、甲が正当な理由がなく刃体の長さが６センチメートルを超える刃物を所持していると判断し、銃砲刀剣類所持等取締法違反の現行犯人と認めて逮捕し、甲をパトカーに同行した。

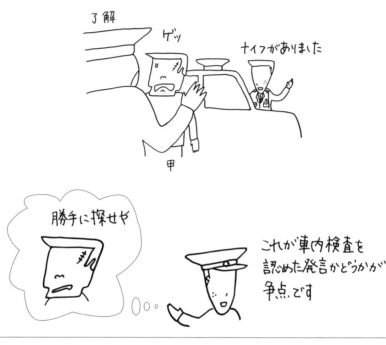

判決要旨
　被告人が警察官の要求に対して「探すなら勝手に探せ。」と答えたことは、警察官が被告人に代わって車内を確認することを承諾したと認めることができ、甲が捨て鉢になって真意でない言葉を口走ったものとは言えない。
　よって、警察官が行った車内検査は、被告人の任意の承諾に基づくもので、適法な行為であり、その機会にダッシュボードの中から果物ナイフ１本を発見したことを違法とする要素もないことから、ナイフの所持を理由に現行犯逮捕したことも適法である。

所持品検査の際、異常な箇所を着衣の外部から触れる程度のことは具体的状況により許される場合があるが、特別の事情が認められないにもかかわらず、ポケットに手を入れて行う所持品検査は違法であるが、証拠能力が肯定された事例　　　　　　　　　　　（大阪高判昭 51.4.27）

◇　事案の概要

①　警察官が警ら中、路上に甲運転の自動車に男4人が同乗しており、不審な挙動を認めた。

　警察官は、付近は覚醒剤事犯や売春事犯の検挙例が多いことから、職務質問をすることにし、甲の車を停止させ、運転免許証の提示を求めたところ、甲は他人名義の偽造免許証を見せた。

②　そこで、警察官が懐中電灯で車内を見回したところ、賭博道具の札（10枚くらい）を見つけたので、他にも違法な物を持っているのではないかと思い、かつまた甲の態度に落ち着きがなく、青白い顔色などからみて覚醒剤の中毒者ではないかと考え、職務質問を続けるために甲に降車を求めた。

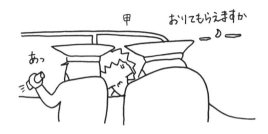

③　警察官の求めに対し、甲が素直に降車したので、所持品の提示を求めると、「見せる必要ない」と言って拒否し、同乗していた3人の男が降りてきて、「お前らそんなことする権利あるんか」などと罵声を浴びせて挑発的態度に出てきたため、警察官が無線で他のパトカーの応援を要請した。

④　応援のパトカーが到着し、到着した警察官が3人の男たちの対応をしている間に、警察官が甲に「応援も来たことだし、いいかげん見せてくれたらどうや」と言ったところ、甲はぶつぶつ言いながら、右側内ポケットから目薬とちり紙（ちり紙の中に白色粉末が入れられていたが、覚醒剤ではなかった。）を取り出して手渡した。

⑤　警察官がさらに「他のポケットを触らせてもらう」と言い、甲の上衣とズボンのポケットを外から触ったところ、上衣の左側内ポケットが何か硬い物が入っている感じでふくらんでいた。警察官が二度にわたってそれを出すように説得したが、甲がそれに答えないので、警察官は「それなら出してみるぞ」と言い、甲の内ポケットに手を入れて取り出してみると、ちり紙の包みとプラスチックケース入りの注射針であった。警察官はその場でちり紙の包みを開披してみると、ビニール袋入り覚醒剤様の粉末が入っているのを発見した。

　さらに警察官は、甲が万年筆型ケース入り注射器を上衣の内側の脇の下に挟んでいるのを発見したので、これも取り出した。

⑥　そして、警察官が甲をパトカーに乗せ、その面前でマルキース試薬を用いて覚醒剤様の粉末を検査した結果、覚醒剤であることが判明したので、パトカー内で甲を覚醒剤不法所持の現行犯人として逮捕して手錠をかけるとともに、本件証拠物を差し押さえた。

88　警職法第2条　質問

こういうのが許されるのは特例中の特例の状況がある場合に限られる。原則的にはやってはいけない。

判決要旨

　一般的に、警察官が職務質問に際し、異常な箇所につき着衣の外部から触れる程度のことは、職務質問の付随的行為として許容される場合があるが、さらにこれを超えて、その者の着衣の内側やポケットに手を入れて所持品を検査することは、急迫した状況にあるため許容される特別の事情のある場合を除いては、その所持品検査が相手方の明示または黙示の承諾を得たものでない限り、許されないものと解するのが相当である。

　本件については、被告人の上衣とズボンのポケットを外から触った段階までは許容されるとしても、被告人の上衣の左側内ポケットを外部から触った段階では、何が入っているかは明らかでない状況であり、しかも、警察官が「まだ入っているから出してくれ。」と言ったのに対し、被告人がぶつぶつ言って不服らしい態度を示していたのに、被告人の左側内ポケットに手を入れてちり紙の包みを取り出したというのであるから、被告人の明示または黙示の承諾があったものとは認めがたく、また、本件の所持品検査が許容される特別の事情も認められない。

　したがって、警察官の本件の所持品検査は、正当な職務行為とはいえず、本件所持品検査後に行われた証拠物の差押えについても違法である。

こういう所持品検査は、原則はできない。しかし、
○　相手の任意の意思
あるいは、
○　急迫した特別な事情
がある場合に限り、許される場合がある、
と地裁の判例では言っています。

と言っています。

そして高裁と最高裁では

警察官の行為は、職務質問の要件が存在し、かつ、所持品検査の必要性と緊急性が認められる状況のもとで、必ずしも諾否の態度が明白でなかった被告人に対し、所持品検査として許容される限度をわずかに超えて行われたに過ぎないのであって、もとより警察官において令状主義に関する諸規定を潜脱しようとの意図があったものではなく、また、他に所持品検査に際し強制等のされた事跡も認められないので、本件証拠物の押収手続の違法は必ずしも重大であるとはいえず、本件証拠物の証拠能力はこれを肯定すべきである。

という結論になりました

覚醒剤が入っていると思われるビニール袋を口中に入れ、その隠匿を図ったのを、警察官が実力で制止したことは適法である。

(東京高判昭 61.1.29)

◇ 事案の概要

① 警察官が駐車禁止となっている一方通行の道路にさしかかったところ、自動車が駐車し、助手席に男（乙）が乗車していたので、職務質問を行った。乙は遊び人風で顔色は青白く、犯歴照会を行うと覚醒剤の前歴があることが判明した。警察官は、乙が覚醒剤を使用しているのではないかとの疑いを抱いた。

② 警察官が車を発見してから約 20 分後、甲が車に戻ってきたので、運転免許証の提示を求め、犯歴照会を行うと、甲も同法違反罪で検挙された前歴のあることが判明した。そのとき、甲の態度がそわそわと落ち着きがなくなったことから、甲も覚醒剤を使用か所持しているのではないかとの疑いが生じた。そこで警察官は、同所で職務質問を続けることは交通妨害と通行人の好奇の目にさらすことになりかねないため、甲と乙を警察署に任意同行することとしたが、警察官は、覚醒剤取締法違反の有無について職務質問を徹底して行うという本来の意図は伏せ、ただ、「駐車違反の関係で警察署まで来てもらいたい」とのみ告げた。

③　しかし、甲は任意同行を求める警察官の意図を察知し、任意同行を断ろうと試みたが、結局、説得に応じ、車を運転して警察署まで行くことになった。しかし、甲が、「道順が分からない」と言うので、警察官が甲の車の後部座席に乗り込み、運転する甲に道順を指示しながら警察署に到着した。警察官は、甲と乙を取調室に待機させ、まず、甲に対し改めて質問を開始した。

④　その後、甲の求めに応じて甲に自宅に電話させるなどしたのち、警察官が甲に、「もう覚醒剤はやっていないか」などと尋ねながら、甲の承諾のもとにセカンドバッグの内容物を改めたが、何も発見できなかった。次に、警察官が甲に対し、ポケット内のものを出して見せるよう要求したところ、甲が黒色の財布をポケットから取り出し、チャックを開いてビニール袋様のものを取り出すや否や、それを口に入れた。

⑤　警察官は、甲が口に入れたものは覚醒剤であると考え、これを制止するため、とっさにうでを甲の首にまわしたが、二人ともはずみであおむきに転倒した。これを見た他の警察官が甲の足を押さえ、警察官が甲の鼻をつまんで口を開かせようとした。そのとき警察官は、「飲み込んだりすると死んでしまうぞ」などと言って、吐き出すよう説得した。

⑥　およそ数分間もみ合っているうちに、甲が口からビニール袋を吐き出したので、警察官がそれを拾い上げ、「これは何だ」と尋ねると、甲は、それは覚醒剤であり、乙から預っているものであると答えた。

⑦　警察官が試薬によりビニール袋の内容物のテストを行ったところ、覚醒剤反応があらわれたので、甲を覚醒剤所持の現行犯人として逮捕した。

判決要旨

　被告人が駐車違反及び覚醒剤取締法違反を犯している疑いがあり、かつ、交通の妨害となり、また、被告人本人に不利であったということができるから、警察官が、更に職務質問を行うため、近くにある警察署へ同行を求めた措置は、警察官職務執行法２条１、２項に従ったものとして是認できる。

　また、被告人は、警察官の同行要求に応じ、自ら車を運転して同警察署に赴いているのであって、警察官が被告人の車に乗り込んだのも、被告人が警察署への道を知らないと言ったからであり、警察官が、警察署に向かうことを強要したような事実は全くなかったのであるから、任意同行の過程にも強制連行の疑いはない。

　なお、警察官が任意同行を求める方法は、身柄の拘束や意に反する連行のほか、偽計による任意同行など著しく不公正な方法によることも許されない。しかし、本件の場合、警察官は同行を求める本来の目的を告げなかっただけで、積極的に虚偽を述べたものではないこと、被告人も、自己が覚醒剤の関係でも同行を求められていることを察知しており、警察官の「駐車違反の件で来て下さい」という説明がなかったら、被告人は任意同行には応じなかったとは認められないこと、そもそも警察官が任意同行を求める際、必ずしも相手方にその理由・目的を告げなければならないものでもないと解されることなどから、本件で警察官の説明が若干詐術的色彩を帯びていたことは否定できないとしても、それはいまだ本件任意同行を違法とするほどのものではない。

　さらに、被告人が覚醒剤の入ったビニール袋を口に入れた際に警察官がとった措置については、
- ○　口に入れたものが覚醒剤である疑いが強いこと
- ○　嚥下されると職務質問を継続する意味がなくなること
- ○　口に入れたものは、財布から取り出したものであり、衣服等の捜索をしたわけではないこと
- ○　実力行使も最小限度であったこと

などから、職務質問に付随して行う所持品検査にあたり、所持品隠滅行為を制止するために行った必要な実力行使としてこれを是認することができる。

無銭飲食の可能性のある者が、警察官の職務質問に黙秘し、外部からの着衣接触にも拒否の態度を示さないとき、所持品検査をする旨告げて胸ポケットから見えていた手帳を抜き取った行為は適法である。

（大阪地判昭 47.12.26）

◇ 事案の概要

① 警察官は、無銭飲食の疑いのある甲に職務質問をしたが、甲は黙ったままであり、さらに凶器の有無を確かめるべく甲の着衣の上から腹部辺りを手で触れたところ、甲は拒否する態度もなく、点検は終了した。

② 次に、甲の背広の胸ポケットを見たところ手帳のようなものが見えたので、それに飲食費等の請求書が挟まれていないかなどと考え、甲に対して、「持ち物を見せてもらうぞ」と告げたところ、これを拒否する言動、態度が見えなかったので、警察官はポケット内から手帳を抜き取って点検すると、白色粉末入りビニール袋が挟んであり、これを手に摘んで甲に見せ、「これは何か」などと質問しようとした途端、急に甲は逃走した。

③　警察官は直ちに甲を 20 〜 30 メートル追跡して追い付き、無銭飲食のことを尋ねると、「支払っていない」と答え、また、甲の腕を調べたところ、注射痕が見つかったので、詐欺その他の容疑で更に職務質問をするため、甲に任意同行を求め、警察署へ赴いた。

④　なお、前記の手帳とビニール袋は、警察官が甲を追跡する際あわてたため落としてしまったが、甲の任意同行時に拾得して警察手帳の間に挟んで警察署に持参した。

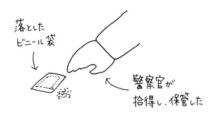

⑤　警察署に到着したのち、警察官は、直ちに甲を取り調べたところ、甲は無銭飲食を認めたため、直ちに無銭飲食詐欺の容疑で緊急逮捕した。
　　また、前記ビニール袋在中の白色粉末については、覚醒剤であることが判明した。

1　判例から実務を学ぼう　95

判決要旨①

　一般に警察官が職務質問に際して、単に異常な箇所につき着衣の外部から触れるという程度のことは、付随的処分として許容されるとしても、これを超えてその者から所持品の提示を求めこれを検査することは、相手方の承諾を要することはいうまでもない。

　この「承諾」とは、必ずしも明示的な態度に限る必要はなく、黙示の承諾のあった場合でも適法であると解するのが相当である。

　しかし、相手方が拒否しないからといって直ちに黙示の承諾があるとして所持品検査を実施できるわけではないのは当然であり、黙示の承諾というのは、具体的かつ客観的にみて認定すべきであり、必要性や社会的相当性を欠く所持品検査は、相手方の承諾があったとしても、違法となる。

判決要旨②

　被告人は、外部からの着衣接触に拒否の態度を示さなかったから、警察官は所持品検査する旨を告げて胸ポケットに見えていた手帳を検査したのである。これは、客観的に黙示の承諾があったものと認めるべき事情があったというべきであり、しかも、被告人に対する犯罪嫌疑の程度からすれば、この所持品検査は職務質問に続く措置として必要なものであり、かつ、検査物も外部から見える手帳であったから、相手方の負担もさして大きくはなく、社会通念上相当とされる最少限度の職務執行であったと認められる。よって、本件所持品検査は、適法である。

> 34　手提袋の内容物を検査した行為は、当時の状況に照らし、適法性の限界を超えるものではない。

(東京地判昭 48.10.2)

◇　事案の概要

① 首相が到着予定の空港において、右翼、左翼の過激派のテロ活動が懸念されたので、警察官を動員して警備に当たっていた。警察官は、駅改札口付近において、挙動不審者の発見の任務についていたが、その間に、受令器によって、空港周辺で右翼グループが警戒線に阻止された旨の情報を入手していた。

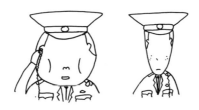

② 警察官が、改札口付近の乗客の動静を観察していると、長髪、ジャンパー姿、片手にビニールの手提袋を提げた甲が、あわてた様子で歩いているのに気付き、視線が合うと手提袋を隠すそぶりをしたので不審を抱き、後方から接近したところ、手提袋の口から白い柄がはみ出しているのを認めたので刃物を携帯していると直感し、手提袋から出ている柄のあたりを袋ごと押さえながら「どこへ行くのか」と質問した。

③　甲は、「急いでいるから」と答えて改札口へ向かったが、警察官が「手間はとらせないから」と言いながら、肩に手を掛けて押すようにしながら甲を移動させ、刃物であることを指摘すればいきなり抜くおそれがあると判断したので、警察官が「のこぎりだろう」と問いかけたところ、甲はこれを肯定し、友人のところでのこぎりを使う旨を説明した。警察官は、なおも袋の端あたりを刃物の柄ごと押さえたままその提示を求めたところ、甲はこれを拒んだ。

④　このようなやりとりを繰り返すうち、手提袋の口から刃物の刃体がわずかに見えたので、「包丁だろう」と指摘すると、甲が黙ったので、更に強く提示を要求して手提袋を引っぱったところ、甲はこれを拒んで放すまいとした。さらに、警察官が袋の内容を提示するよう促したが、甲は黙したまま提示しようとしなかったので、警察官がその場で袋の内容を検査すると、柳刃包丁を発見した。警察官が甲に対し、包丁の用途、甲の氏名、住所を尋ねたが、黙して語らないため、銃砲刀剣類所持等取締法違反被疑者と認めて現行犯逮捕した上、手提袋とその内容物を差し押さえた。

98　警職法第2条　質問

弁護人の主張

キーーッ!
これぞまさに違法の極み!!
違法中の違法!!
よって無罪にしてちょうだい!!
←イメージです

検察官が提出した物証のうち、柳刃包丁は、警察官職務執行法、刑事訴訟法の手続に違反し、ひいては憲法第35条第1項に違反する差押手続により獲得されたものであるから、証拠から排除されるべきである。

判決要旨

　手提袋の検査が、被告人の逮捕に先だって行われ、しかも被告人の同意を得ないまま、警察官の実力を行使して行われたことは弁護人主張のとおりである。しかし、本件は、テロ活動の防止という明確な目的をもち、警備中に行われた職務質問であり、右翼が警戒線に阻止されるなどの緊迫した状況にあったこと、本件手提袋はその形状からして容易に内容物を外から観察できたこと、手提袋の口から柄がはみ出しているのを認めて刃物であると直感したこと、押し問答の末、警察官が刃物を取り出し、柳刃包丁であると確認した上、銃刀法違反の現行犯と認めて逮捕したものであり、殺人事件等の事故を未然に防止すべく行われたものであることから、いまだ職務質問に伴う所持品検査として適法性の範囲を超えるものとは認めがたい。
　よって、本件の証拠物はすべて適法に差し押さえられたものであるから、証拠能力があるものと認められる。

特別講演
－任意と強制のはざまで－
　　　　講師A巡査

ナニヤッテンダアイツ…

警察官職務執行法に定める手続は任意手続であります
しかしながら 警察官として職務を完遂するためには 時として 有形力の行使が求められるときがあるのであります そしてそれは 状況が緊迫すればするほど 重大犯罪に直面すればするほど この任意手続における有形力の行使が重大となり そのときに 正しい判断、決断、行動という現場力を発揮できるかどうかが大切なのであります そして 法律を厳格に守りつつも 時には必要な有形力を行使し 自ら判例を作る気概を持って職務にあたる勝負の瞬間が必ずや来るでありましょう
したがいまして その時のために 普段から判例をよく理解し 自分ならこうするというシミュレーションを行うことが大切でありそれをやっているかどうかによって いざという時に力を発揮できるかどうかが分かれるのであります
私の場合……

1　判例から実務を学ぼう　99

〈その他〉

　質問を拒否する相手を説得している際に、これを妨害する者があれば、その妨害を排除する行為も、当初の質問行為と時間的・場所的に近接している限り、職務質問に付随する行為として適法である。

（大阪地判昭 56.11.13）

◇　事案の概要

① 　夜、甲が、通行中の女性に対し、髪をつかんで引き倒す等の暴行を加えるという事件が発生し、警察官が現場に急行した。

② 　警察官が甲ら一行を発見し、路上において、甲に対し、暴行事件の容疑者として職務質問を開始した。ところが、一緒にいた乙と丙が割って入り、「わしら関係ない」などと警察官に詰め寄ってきたことから、警察官と乙と丙が対立する形になった。

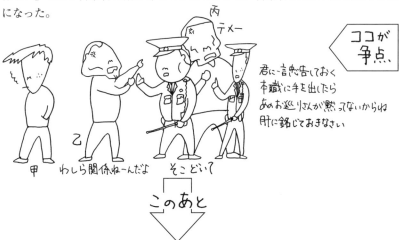

③ 　そうこうするうち、甲が、説得に当たっていた警察官に対し、いきなりその左顔面を手拳で殴打して暴行を加え、警察官の職務執行を妨害した。

判決要旨①

　職務質問は、これを受ける者の任意の承諾を条件とし、これに反して質問を行ったり継続したりすることは許されない。しかし、だからといって拒否されればそれ以上いかなる行動にも出られないのではなく、強制にわたらない範囲で説得することはできる。さらに、その質問を妨害する者があれば、その妨害を排除する行為も、職務質問に付随する行為として適法な職務行為と評価すべきである。

判決要旨②

　本件の警察官の行為は、質問を継続するため、妨害を排除しようとする行為にほかならず、時間にして3分程度、距離にして10メートル前後で、職務質問との間に連続性が認められ、適法な職務行為とみるのが相当である。さらに、やじ馬の集まる場所での質問続行を不適切と考え交番への任意同行を求めたこと、強行的手段をとらずに説得に努めたことなど、すべて適切であり、警察官職務執行法第2条の要件が具備していたのは明らかである。
　よって、警察官が、被告人らを公務執行妨害の現行犯人として逮捕した行為は、適法な職務行為であることもまた明らかである。

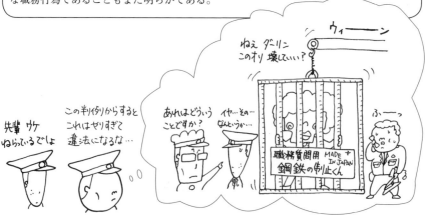

2 条文を勉強しよう

1　第2条第1項〔停止・質問〕

条文をチェック！

　警察官は、異常な①挙動②その他周囲の事情③から合理的に判断して④何らかの犯罪を犯し、若しくは犯そうとしていると疑うに足りる相当な理由のある者⑤又は既に行われた犯罪について、若しくは犯罪が行われようとしていることについて知つていると認められる者⑥を停止させて⑦質問することができる⑧。

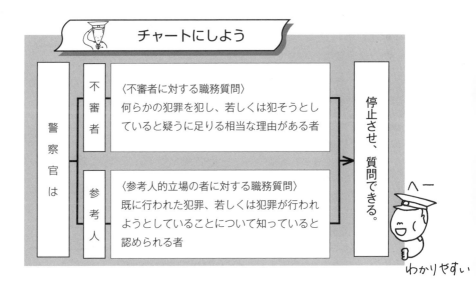

用語の定義

① 「異常な」
不自然な、変わっている、普通ではない、正常ではないという意味。

② 「挙動」
人の言語、動作、態度、着衣、携帯している物等のこと。

③ 「周囲の事情」
その者がいる周りの状況のこと。

④ 「合理的に判断して」
警察官の主観的な判断だけではなく、「その場にいた通常人であっても、そう考えるであろう」と思われる客観性があること。

⑤ 「何らかの犯罪を犯し、若しくは犯そうとしていると疑うに足りる相当な理由のある者」
何らかの犯罪を犯したと思われる者のこと。
※何らかの犯罪を犯そうとしていると思われる者のこと。

▷ 「犯罪」
刑罰法令に触れる全ての行為のこと。
客観的に犯罪構成要件に該当する違法な行為であれば足り、有責であるかどうかは問わない。

Point

◇ 「犯罪」に該当しない場合
- 正当防衛による行為
- 正当な業務による行為

は、犯罪構成要件に該当する行為であっても、違法性がないことから、本条にいう「犯罪」に該当しない。

◇ 「犯罪」に該当する場合
心神喪失や触法少年等、刑事責任がない者の行為であっても、構成要件に該当する違法な行為（犯罪行為）であれば、本条にいう「犯罪」に該当する。

▷ 「何らかの犯罪」
何らかの刑罰法令に触れる行為という意味。その犯罪の罪名、被疑事実の内容までは必要としない。

> **Point**
> ◇ **通常逮捕、緊急逮捕、現行犯逮捕をする場合**
>   被疑事実の内容が特定されていなければならない。
> ◇ **本条により職務質問を行う場合**
>   何らかの犯罪の疑いがあれば足り、被疑事実の内容が特定されている必要はない。

▷ **「疑うに足りる相当な理由」**

前記④の「合理的に判断して」とほぼ同義である。

通常逮捕における「相当な理由」とは異なり、犯罪事実が特定されていない段階で行われるものであるから、客観性のある疑いがあれば足りる。

> **Point**
> ◇ **「疑うに足りる相当な理由」の要件**
>   • 警察官の主観的な判断では足りない。
>   • 「その場にいた通常人から見ても、警察官と同じ疑いをもつであろう」と思われる程度の客観性が必要。

⑥ **「既に行われた犯罪について、若しくは犯罪が行われようとしていることについて知つていると認められる者」**

過去に行われた犯罪について知っている者のこと。

これから行われようとしている犯罪について知っている者のこと。

質問を受ける者は、受忍する義務を負う。

> **Point**
> 本条第1項前段の「異常な挙動その他周囲の事情から合理的に判断して」という文言は、「既に行われた犯罪について、若しくは犯罪が行われようとしていることについて知つていると認められる者」にはかからないので、犯罪について知っている者がいれば、異常な挙動がなくても、職務質問ができる。

⑦ **「停止させて」**

動いている者を停止させて質問ができる状態にすること。

本条による停止は、任意手段として行使するものである。

よって、停止の手段は、原則として、

- 要求
- 説得

にとどまり、みだりに実力行使することはできない。

ただし、犯罪の嫌疑が特に顕著な場合については、

- 背後から肩に手をかけて止める。
- 自転車に手をかける。

などの行為が許される場合がある。

⑧「**質問することができる**」

特定の者に対して、疑問点を追及すること。

本条の「質問」は、

- 犯罪の予防のため
- 捜査に必要な情報を得るため

に行うことができる。

また、本条項は、自動車検問の法的根拠の一つとなると解されている。

Point

◇ **本条の「質問」の留意点**
○ 被疑者の取調べではないから、刑事訴訟法第198条に定める供述拒否権を告知する必要はない。
○ 犯罪捜査のために、警職法第2条を根拠として、職務質問をすることができる。
○ 職務質問の対象者に対し、警察官の氏名等を告知する法的な義務はない。
○ 本条項に基づく職務質問を妨害する者に対し、これを排除する行為も、職務質問に付随する行為として許される。

◇ **本条に基づく「所持品検査」の留意点**
○ 所持品検査は、警職法に直接規定されてはいないが、職務質問に関連するものとして、判例上認められているものである。
　原則……相手方の承諾が必要である。
　例外……所持品検査の必要性、緊急性、これによって害される個人の法益と保護される公共の利益との権衡などを考慮し、具体的状況のもとで相当と認められる限度においては、例外的に必要最小限度の実力行使が認められる。
○ 必要最小限度の実力行使の一般的要件
　・適法な職務質問であること。
　・不審点の解明のために必要であること。
　・捜索に当たらないこと。
　・強制にならないこと。
　・公益上の必要性が所持品検査を受ける個人の不利益を上回ること。
　・社会通念上相当の方法によること。

◇ **自動車検問の法的根拠の整理**

職務質問としての車両の停止	一般の自動車検問	道路交通法に基づく車両の停止
車両に乗っている者が、警職法2条1項の要件を満たす場合、職務質問のため、その車両を停止させることができる。	警職法2条1項の職務質問の要件を満たしていない車両の停止は、犯罪の予防・捜査等のため、任意の活動として警察法2条を根拠に行う。	車両等の乗車・積載・牽引について危険を防止するために、特に必要があると認める場合などに停止させることができる(道交法61条、63条1項、67条1項)。

フ……ン
いろいろあるんだなぁ

先輩!!
以上が質問の基本ですよ

2　第2条第2項〔同行要求〕

条文をチェック！

　その場で前項の質問をすることが本人に対して不利であり、又は交通の妨害になると認められる場合①においては、質問するため②、その者に附近の警察署、派出所又は駐在所に同行することを求める③ことができる。

用語の定義

① 「その場で前項の質問をすることが本人に対して不利であり、又は交通の妨害になると認められる場合」

　　本人に対して不利、又は交通の妨害のほか、

- 周囲に人が多く、その場で職務質問をすることが本人にとって不名誉である場合
- 暑さ、寒さ、雨等、気象条件が悪く、その場で質問することが相当でない場合
- 警察官の受傷事故防止の観点から警察施設等に同行を求める場合

等の理由でも同行を求めることができると解されている。

② 「質問するため」

職務質問を継続するために、同行を求めることができるという趣旨である。

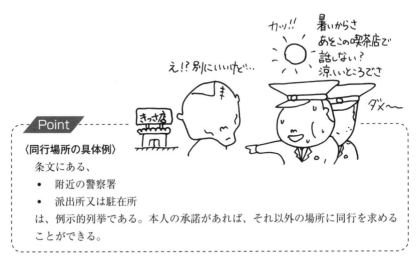

Point

〈同行場所の具体例〉

条文にある、
- 附近の警察署
- 派出所又は駐在所

は、例示的列挙である。本人の承諾があれば、それ以外の場所に同行を求めることができる。

③ 「同行することを求める」

警察署等の場所に、警察官と行くことを求めること。

あくまでも任意手段によることが要件であって強制にわたることは許されない。

本条項による同行要求はあくまでも任意であるから、同行に応じた相手方は、その後、いつでも退去することができる。

頑張る君に ワンポイント アドバイス!!

職務質問し窃盗犯や公務執行妨害罪等で検挙した場合、
職務質問そのものの適法性を書類上で明らかにしなければなりません。
何で職務質問したの？　不審点は？
と本署で刑事に聞かれたとき

と言うのではなく

本署で事件化する際には、このような説明ができるように
職質の要件を整理する必要があります。
そのためには逐条をよく勉強し、法的要件を理解することが大切です。

3　第2条第3項〔任意規定〕

> **条文をチェック！**
>
> 前2項に規定する者①は、刑事訴訟に関する法律の規定②によらない限り、身柄を拘束され③、又はその意に反して警察署、派出所若しくは駐在所に連行され、若しくは答弁を強要されることはない。

用語の定義

① 「前2項に規定する者」

　第1項の「停止・質問」と第2項の「同行要求」の対象となった者のこと。

② 「刑事訴訟に関する法律の規定」

　勾引（58条）、勾留（60条）、逮捕（199条、210条、213条）、収容（485条）等、刑事訴訟法の強制手続をいう。

> **Point**
>
> 　本項は、刑事訴訟法以外の法律によって身体の拘束をすることを禁止する趣旨ではない。
> 　したがって、
> - 警職法による保護（3条）
> - 警職法による犯罪の制止（5条）
> - 児童福祉法による一時保護（33条）
>
> 等の規定によって、身柄の拘束をすることはできる。

③ 「身柄を拘束され」

　継続的に身体の自由を奪うこと。

4　第2条第4項〔凶器捜検〕

> **条文をチェック！**
>
> 警察官は、刑事訴訟に関する法律により逮捕されている者①については、その身体について凶器②を所持しているかどうかを調べることができる③。

用語の定義

① 「刑事訴訟に関する法律により逮捕されている者」

通常逮捕（刑事訴訟法199条）、緊急逮捕（同法210条）、現行犯逮捕（同法213条）のほか、勾引状・勾留状の執行（同法70条）、収容状の執行（同法489条）も含むと解されている。

② 「凶器」

社会通念上、人を殺傷するに足りる機能を有する器具のこと。

本条の「凶器」には、性質上の凶器に限らず、用法上の凶器も含む。

> **Point**
>
>
>
> ◇ 「性質上の凶器」
>   本来の用途が人を殺傷するためにつくられたもののこと（拳銃、ナイフ、爆薬等）。
> ◇ 「用法上の凶器」
>   本来は人を殺傷するためにつくられたものではないが、使い方によっては人を殺傷することができるもののこと（バット、はさみ、金づち等）。

③ 「調べることができる」

「警察官の危害防止」、「被逮捕者の自傷防止」という目的を達成するために、相手の承諾なしに、

- 身体を捜索し
- 所持している凶器を取り上げることができる

という強制手続について定めたものである。

第4項の規定は、一時的な危険防止の措置を定めたものであり、証拠保全のための身体検査を認めたものではない。

したがって、犯罪捜査で押収の必要がある場合には、令状による差押え等、刑事訴訟法に定める手続によらなければならない。

Point

◇ **本条によって凶器を発見した場合**
　危険防止上、必要な範囲内において、強制的に取り上げ、保管することができると解されている。

◇ **本条によって発見した凶器が証拠物件に該当する場合**
　刑事訴訟法の規定に基づき、差押えや領置をすることができる。

◇ **凶器捜検と所持品検査等の整理**

	凶器捜検	所持品検査	捜索（刑訴法218条、220条）
目的	警察官の危険防止 被逮捕者の自傷防止	警職法2条1項の質問の目的達成（不審点の解明）のため	証拠物等の発見
任意・強制	強制	任意（原則）	強制

112　警職法第2条　質問

3　SAに挑戦しよう

次の各設問につき、正誤を判断せよ。

問1　警職法第2条は、警察官が不審者等に対して質問し、あるいは質問を継続するために同行を求めることについて定めているが、これらは相手方の同意によって行われるものであり、相手方にこれらに応ずる法的義務を課するものではない。

問2　質問の対象となる不審者の認定には、通常、誰が見ても不審と思うような客観性を必要とするが、このことは必ずしも警察官としての専門的知識、経験を前提とした合理的な判断によって不審者と認定することを妨げるものではない。

問3　警職法第2条第1項にいう「何らかの犯罪」とは、被疑事実の具体的内容が明確である必要があり、特定の刑罰法規に触れる行為であることを警察官が分かっている必要がある。

問4　質問の際の所持品検査は、相手方の承諾の下に行わなければならないが、承諾がなくても、相手方の着衣の上から手で触れる程度のことは許容されると解されている。

問5　警職法第2条第4項による凶器捜検の結果、発見された凶器は、その所持が法令に違反しない場合には、強制的にこれを取り上げ、保管することはできない。

問6　職務質問中、逃走した不審者を追跡し、さらに職務質問をするため、当該不審者の肩に手を掛けて停止させる行為は適法である。

問7　停止させた自動車の運転者が、職務質問中に自動車を発進させて逃走しようとしたので、その自動車の窓から手を入れて、エンジンのスイッチを切り、運転を制止する行為は適法である。

問8　職務質問をした結果、不審者の容疑が濃くなった場合に、公衆の面前で長時間質問をすることが本人に対して不利であるとして、当該不審者の同意を

得て交番に同行する行為は適法である。

問9　自動車を運転している覚醒剤使用の容疑者に対し、警察署への任意同行を求め、警察署に着いてその者が降車するやいなや、承諾なしに警察官がくまなく車内を検索する行為は適法である。

問10　勾留状の執行を受け、身柄を拘束された被疑者に対し、凶器所持の有無を確認するため、当該被疑者の承諾なく実力をもってその身体を点検する行為は適法である。

問11　自動車検問の法的根拠には、警職法をはじめ、警察法、道路交通法等があるが、それぞれ条件及び用い得る手段に差異がある。例えば、重要事件の発生に際し犯人捕捉のために行う場合は警職法第2条第1項が、また、犯罪の予防、捜査等、警察の責務を達成するために、任意手段として行う場合は警察法第2条第1項が根拠となる。

問12　警職法第2条第4項に基づく凶器の捜検は、刑事訴訟法による逮捕者はもとより、勾引状や勾留状の執行により身柄を拘束されている者に対しても、本人に承諾を得ることなく行うことができる。

問13　警職法第2条に基づく「質問」は、何らかの犯罪を犯し、若しくは犯そうとしていると疑うに足りる相当の理由のある者、又は既に行われた犯罪について知っていると認められる者を対象とするものであるが、緊急配備中、犯人に酷似した者に対して行う職務質問についても、本条に基づいて行うことができる。

問14　警職法第2条第1項の質問は、被害者や参考人に対しても行うことができ、被害者や参考人には質問を受忍する義務がある。

問15　警職法第2条第1項の職務質問にいう異常な挙動その他周囲の状況から「合理的に判断して」とは、警察官がその状況に応じて主観的に「怪しい」と思うだけで足り、社会通念上、誰しもが「怪しい」と感じるだけの客観性までは必要としない。

問16　警職法第2条第4項の凶器の捜検は、警察官の受傷防止、被逮捕者の自傷防止という目的のために、即時強制として令状なくして凶器所持を点検することを認めたものであり、証拠保全を目的として身体の捜検を定めたもので

114 警職法第2条 質問

はない。

問17 警職法第2条第4項に基づき、警察官は、刑事訴訟法の規定により逮捕されている者の身体について、凶器の捜検をすることができるが、ここにいう「逮捕されている者」には、私人によって現行犯逮捕された者も含まれる。

問18 質問を行うための停止は、いかに相手方の疑惑が濃く急迫性があっても、身柄を拘束するような継続的な態様で実力を用いることは許されない。

問19 警職法第2条に基づく同行は、その場で質問することが本人に対しても不利であり、又は交通の妨害になると認められる場合に求めることができるのであり、警察官の質問を効果的に行うためのみで求めることはできない。

問20 警職法第2条第2項に基づく同行要求は、質問を継続する目的で行うことができるほか、被質問者を取り調べたり、逮捕したりする目的で行うこともできる。

問21 警職法第2条でいう「犯罪」とは、刑罰法規に触れる全ての行為をいい、犯罪構成要件に該当する行為であれば足り、有責性があるか否かは問わない。

問22 その犯罪について何らかのことを知っていると思われる者が参考人等として警察官から質問を受けても、その質問を受けなければならない受忍義務はない。

問23 警職法第2条第2項に基づく「任意同行」は、相手方に対して、具体的状況によって同行要求に応じるか否かを判断することができる程度の情報を与えるのでは足りず、用件や行き先を告げなければ任意性が失われる。

問24 不審者に対する職務質問は、不審点が解消され、その者が「何らかの犯罪を犯した」と疑うに足りる相当の理由がなくなった場合には、これを継続することはできない。

問25 職務質問における停止は、相手方に停止するように求め、説得するという任意活動であり、警察官には、相手方に対し、停止を強制的に命ずる権限は認められていない。

3 SAに挑戦しよう　*115*

問26　警職法第2条第4項を根拠として身体捜検を行い、凶器を発見したとき
　　　は、これを強制的に取り上げて一時保管することができるが、身体捜検でき
　　　るのは、身体を拘束された当初の1回限りである。

問27　警職法第2条第4項は、凶器の捜検を定めているが、これは強制手段とし
　　　て取り調べる権限を定めたものであって、相手方の承諾は必要でなく、警察
　　　官の危険防止、相手の自傷防止の目的のため、令状なくして凶器の有無を点
　　　検することを定めたものである。

問28　警察の責務達成に必要な警察活動として、一般の通行人又は自動車に対し
　　　て行う一斉検問は、警職法第2条を根拠にしており、必要最小限度であれ
　　　ば、実力を用いて停止させることもできる。

問29　警職法第2条に定める「合理的に判断して」については、判断する過程で
　　　警察官の職業的専門知識や経験を反映させることが認められており、警察官
　　　の主観的な判断で十分であるという意味である。

問30　警職法第2条に定める「質問」では、警察官の受傷事故防止と被逮捕者の
　　　自傷防止の観点から、被逮捕者の身体を捜検し、必要な範囲内において凶器
　　　を取り上げ、さらに一時保管することまで認められている。

問31　凶器捜検は、被逮捕者がその所持する凶器を提出しないという義務違反が
　　　ある場合に、警察官が被逮捕者（義務者）に代わって、凶器を強制的に探し
　　　出すものであるから、講学上の代執行に分類される。

問32　凶器捜検は、私人が逮捕した現行犯人についても行うことができ、また、
　　　逮捕後、相当な時間が経過した後であっても行うことができる。

問33　凶器捜検による発見の対象となる「凶器」とは、人を殺傷する能力を有す
　　　る器具をいい、銃砲刀剣類のような本来的な凶器のほか、いわゆる用法上の
　　　凶器も含まれる。

問34　凶器捜検は、通常は衣服の上から調べる方法によるべきであり、必要な場
　　　合に限り、上衣を脱がせ、あるいはポケットや靴等の中を調べることまで許
　　　されるが、被逮捕者を裸にして行うことは許されない。

116　警職法第2条　質問

正解・解説

問1　正しい。
　質問は、警察官が特定の者に対して問いを発して、その疑念を晴らし、又は警察目的上必要なことを了知することをいい、同行要求は、警察官が質問を継続するために、警察署等に共に行くことを求めることをいう。質問、同行要求は任意手段の範囲内で行われるものであって、これを強要することはできない。質問、同行要求は警察官の正当な行為であるから、これらを妨げることは許されないが、質問、同行要求は、これに応ずる法的義務を課するものではない。

問2　正しい。
　警職法第2条第1項の「異常な挙動その他周囲の事情から合理的に判断して」とは、警察官が主観的に不審と思っただけでは足りず、通常の社会人が見ても不審と考えたであろうというような客観性を必要とするという趣旨である。しかし、このことは、一般的には異常と認められない場合に、警察官としての専門的知識、経験を踏まえた合理的判断によって不審者と認定することを排除するものではない。

問3　誤り。
　警職法第2条第1項の「何らかの犯罪」とは、何らかの刑罰法規に触れる行為という意味で、その犯罪がいかなる犯罪であるか、どの刑罰法規に触れる行為であるか、あるいは被疑事実の内容などが分かっている必要性はないという意味である。

問4　正しい。
　所持品検査は、相手方の承諾を得て行うのが原則であるが、承諾がない場合でも、これは何かと尋ねながら、被服や携帯品の外側から手を触れる程度のことは、職務質問に付随する行為として一般的に認められている。

問5　誤り。
　捜検の結果、凶器を発見した場合、強制的にこれを取り上げて保管することができるとの明文の規定はないが、警職法第2条第4項の趣旨に照らし、危険防止、自傷防止という目的の範囲内で、法令によって所持が禁止されている物であると否とを問わず、強制的にこれを取り上げ、保管することができると解されている。

3 SAに挑戦しよう　*117*

問6　正しい。

　警察官は、職務質問の対象者を停止させて質問することができるが（警職法2条1項）、停止の求めに応じず立ち去ろうとする者に対しては、強制にわたらない範囲で、必要に応じ、一定限度の実力行使が認められる。判例は、逃げ出した不審者に質問を継続するため、肩に手を掛けて呼び止めた行為は、実力行使として許容される正当な職務執行であるとしている（最決昭29.7.15）。

問7　正しい。

　判例は、エンジンキーを回転してスイッチを切り運転を制止した行為は、職務質問を行うため不審者を停止させる方法として必要かつ相当なものであり、適法であるとしている（最決昭53.9.22）。

問8　正しい。

　その場で職務質問をすることが本人に対して不利であり、又は交通の妨害になると認められる場合には、質問対象者に付近の警察署等に同行することを求めることができる（警職法2条2項）。衆人環視の中で本人の名誉が傷つけられる場合は、「本人に対して不利である」ときに当たり、交番に同行することを求めることができる。

問9　誤り。

　所持品検査は、通常、職務質問に付随する行為として相手方の承諾を得て行われるが、承諾のない所持品検査が一切許されないのではなく、捜索に至らない程度の行為は、強制にわたらない限り、必要性・緊急性等を考慮し、具体的状況の下で相当と認められる限度で許容される（最判昭53.6.20）。しかし、覚醒剤所持の蓋然性やこれを押収する必要性、緊急性が十分でない場合に、承諾なしに警察官が自動車に乗り込んでくまなく車内を検索することは、所持品検査の限界を超えるものであり、これを認めることはできない。

問10　正しい。

　警察官は、刑事訴訟に関する法律により逮捕されている者については、その身体について凶器の捜検をすることができる（警職法2条4項）。ここにいう「逮捕」とは、身柄の拘束という意味に解されており、刑訴法による逮捕のほか、勾引状や勾留状の執行、収容状の執行も含まれる。この「凶器の捜検」は、即時強制の一つであり、相手方の意思に反して強制的に行うことができる。

118　警職法第２条　質問

問11　正しい。

　走行中の自動車が盗難車両と認められる場合等に、不審点の解明のために、その車両を停止させて質問することは、警職法第２条第１項に基づく自動車検問である。職務質問の要件を満たさない場合に、犯罪の予防、捜査等の警察の責務を達成するため、停止するように求めて質問等をすることは、警察法第２条に基づく任意手段として行う一般の自動車検問である。職務質問としての自動車検問においては、停止の要請に応じない者に対しては、強制にわたらない限度での実力行使が認められるが、一般の自動車検問では、原則として職務質問としての自動車検問で認められるような実力行使は許されない。また、道交法第67条第１項は、危険防止の措置として、無免許運転等一定の道交法違反の車両運転について、警察官に停止命令権を与えている。

問12　正しい。

　警職法第２条第４項は、刑事訴訟法により身柄を拘束されている者について危険防止、自傷防止のため、凶器の所持の有無を強制的に取り調べることができることを定めたものである。同項は、被逮捕者だけを掲げているが、その趣旨に照らし、身柄の被拘束者の意味と解すべきで、勾引状、勾留状の執行により身柄を拘束されている者に対しても、凶器の捜検をすることができる。

問13　正しい。

　警職法第２条の職務質問は、異常な挙動その他周囲の事情から合理的に判断して「何らかの犯罪」を犯し、又は犯そうとしていると疑うに足りる相当な理由のある者等に対して行うことができる。ここに「何らかの犯罪」とは、何らかの刑罰法規に触れる全ての行為を意味し、被疑事実の概要が確定している必要はないが、具体的に特定している犯罪を除外する趣旨ではないから、合理的に判断して、緊急配備中の犯人に酷似していれば、その者に対する職務質問を行うことができる。

問14　正しい。

　質問は、任意手段として認められたものであり、警察官はこれを強制的に行うことはできないが、警察官の適法な質問を受けたときは、質問の対象者はこれを受忍すべき義務を負う。なお、質問は、不審者だけでなく、被害者や参考人等の証人的立場の者に対しても行うことができる（警職法２条１項）。

3 SAに挑戦しよう 119

問15 誤り。

　質問（警職法２条１項）の対象となる「不審者」に当たるかどうかは、異常な挙動その他周囲の事情から合理的に判断しなければならない。これは、警察官の主観的な判断ではなく、一般人からも不審とみえるであろうというような客観性を必要とする。

問16 正しい。

　凶器の捜検（警職法２条４項）は、警察官の危険防止と被逮捕者本人の自傷防止目的のために、警察官に即時強制として凶器を所持しているかどうかを調べる権限を与えたものである。したがって、凶器の捜検は、この警察官の危険防止と被逮捕者の自傷防止という目的を達成するために必要な限度で行わなければならず、証拠保全を目的として身体の捜検をすることは認められない。

問17 正しい。

　凶器の捜検（警職法２条４項）の対象者は、「刑事訴訟に関する法律により逮捕されている者」である。刑訴法第213条は、「現行犯人は、何人でも、逮捕状なくしてこれを逮捕することができる。」と定め、私人の現行犯逮捕を認めているので、私人により現行犯逮捕された者も、刑事訴訟に関する法律により逮捕された者に当たる。したがって、私人が現行犯逮捕した者の身体について、凶器の捜検をすることができる。

問18 正しい。

　職務質問自体が任意手段として行使されるものであり（警職法２条３項）、停止の手段は要求又は説得にとどまる。説得の過程において例外的に強制にわたらない限度での実力を用いることも許されるが、それは質問するために一時的に停止させる限度にとどまるべきである。停止は、職務質問を行う範囲内で許されるものだからである。したがって、いかに相手方の疑惑が濃厚で急迫性があっても、継続的な態様で実力を用いることは許されない。もっとも、疑惑が濃厚で被疑事実の概要が確定するにいたる場合には、停止ではなく、逮捕行為に出るべきものである。

問19 正しい。

　設問のとおりで、この規定に基づく同行要求は、その場で質問を行うことが本人に不利な場合（例えば、衆人環視の状態のため本人の名誉、プライバシー等を傷つけるおそれがあるとき、悪天候であるときなど）又は交通の妨害になる場合に限って認められる。なお、この要件に該当しない場合でも、

相手方に同行を求めること自体は、相手方の権利・自由を制限するものではないから、個別の法律の根拠を要せず、公益（警察の責務達成）上の必要性が相手方の不利益を上回る限度で、一般的に行うことができる。

問20　誤り。

警職法第2条第2項に基づく同行要求は、職務質問に付随して認められるものであるから、専ら質問を継続するために行うべきであって、取調べや逮捕目的で行ってはならない。

問21　正しい。

警職法第2条における「犯罪」とは、客観的に犯罪構成要件に該当する違法な行為であれば足り、有責かどうかは問わない。

問22　誤り。

警職法第2条第1項は、既に行われた犯罪について、若しくは犯罪が行われようとしていることについて知っていると認められる者（参考人的立場にある者）に対しても、職務質問をなし得ると定めている。したがって、参考人的な立場にある者が停止を求められ、職務質問を受けたならば、受忍しなければならない。もし、受忍義務がないとすれば、犯罪予防や捜査の端緒を得るという職務質問の権限を認めた法意が没却されてしまうからである。

問23　誤り。

同行要求をする場合には、相手方の任意性を確保するようにしなければならないが、同行の用件や行き先を告げなかったからといって、直ちに任意性が失われることにはならない。

問24　正しい。

不審者である「何らかの犯罪を犯し、若しくは犯そうとしていると疑うに足りる相当な理由のある者」に対する職務質問は、不審点等の解明の手段として行うものである。したがって、質問の結果、不審点が解明されるなど、当初の必要性がなくなったときは、職務質問を終了しなければならない。

問25　正しい。

警察官は、職務質問の対象者に対して、停止させて質問することができる。この「停止」の権限は、あくまで相手方の意思で停止するように求める任意活動としての権限であって、相手方に停止義務を課する停止命令や実力で強制的に停止させる権限ではない。ただし、停止を求められた者がその意

3 ＳＡに挑戦しよう　　*121*

思で停止するのであれば、たとえ不本意ながら停止したのであっても、本条による停止の権限の範囲内である。

問26　誤り。

警職法第２条による身体捜検は、即時強制の一つであって、実施回数に制限はない。

問27　正しい。

その強制力もこの目的達成に必要な限度で用いるべきであって、証拠保全等の刑事目的のため身体全部について徹底的に検査を行うには、刑訴法による令状によることが必要である。

問28　誤り。

一般の通行人又は自動車に対して行う一斉検問は、警職法第２条によるものではなく、警察法第２条の責務を達成するために行うのであり、手段としては全くの任意手段に限られ、停止について多少でも実力を用いるには、被質問者について警職法第２条の要件が備わっていることが必要である。

大阪高判昭38.9.6は、警職法第２条第１項に基づいて自動車検問を行うことができる要件として、次の３つを挙げている。

①　警職法第２条の職務質問が強制力を伴わない任意の手段であることを考えると、その前提として認められる自動車の停止を求める行為もまた任意の手段でなければならないから、道路に障害物を置くなどの物理的に停車を強制する方法によることは許されない。

②　犯罪を犯し、若しくは犯そうとしている者が自動車を利用しているという蓋然性のある場合でなければならず、この蓋然性は、警察官が主観的に思料したのみでは足りず、客観性を持たなければならない。

③　自動車の停止を求めることが公共の安全と秩序の維持のために自動車利用の自由を制限してもやむを得ないものとして是認される場合でなければならない。

問29　誤り。

判断は、警察官の主観的又は恣意的判断ではなく、社会通念に照らして客観的に合理性が必要である。なお、客観的な合理性があれば、判断の過程で警察官の職業的な専門知識を判断に反映させることはできる。

問30　正しい。

警職法第２条には、凶器を発見した場合の措置について定めていないが、

122　警職法第2条　質問

同条制定の趣旨から、必要な範囲内で当該凶器を取り上げ、一時保管することまで認めた規定であると解されている。

問31　誤り。

　確かに凶器を隠し持つことは良くないことであるが、当該事実を警察官に申告する義務や、当該凶器を警察官に提出する義務は存在しないから、凶器捜検は、義務の不履行を前提とする代執行には当たらない。凶器捜検は、義務の不履行を前提とすることなく、警察官の安全確保及び被逮捕者の自傷防止という行政目的を達成するため、被逮捕者の身体に対して直接実力を行使する行政行為であるから、即時強制に当たる。

問32　正しい。

　凶器捜検の対象となる者は「刑事訴訟に関する法律により逮捕されている者」であるから、逮捕の現場における身体の捜索と異なり、私人が逮捕した現行犯人についても行うことができ、また、逮捕との時間的・場所的な接着性がなくとも行うことができる。

問33　正しい。

　凶器捜検は、警察官の安全確保及び被逮捕者の自傷防止を目的とする行政行為であるから、本来的な凶器のほか、用法によっては凶器となり得る物（例えば、こん棒やアイスピック）の発見も目的として行うべきことは当然である。

問34　正しい。

　凶器捜検の権限は、警察官の安全確保ないし被逮捕者の自傷防止を図るため、行政上の一時的な措置として付与されたものであるから、当該目的を達成する上で必要な限度でのみ行うことが許され、裸にするなど、身体検査や検証的な行為に及ぶことはできない。

警職法第３条

保　　護

1 判例から実務を学ぼう

> [1] いささか飲酒酩酊していたにすぎない相手方を保護を要する泥酔者と判断したのは、明白な事実誤認である。
>
> (福岡高判昭 30.6.9)

◇ 事案の概要

① 甲と乙は、夕方、飲酒酩酊し、アイスキャンデー屋A方前において通行人とけんかした上、同店内においてサイダーびんを投げて怒鳴り立てたので、同店の従業員が交番に電話で通報し、警察官が同店に急行した。しかし、すぐに騒ぎはおさまり、Aが甲と乙にアイスキャンデーを渡したときに警察官が到着したが、甲と乙はその場を立ち去ろうとして同店を出た。

② 警察官は、甲を泥酔者として保護するため「おい、ちょっと待て」と言って腕を握ったところ、甲はこれに憤激し、警察官を殴打した。

判決要旨①

公務執行妨害罪が成立するには、公務員の職務執行が適法である必要があるが、その公務員の職務執行が抽象的職務権限に属する限り、法解釈を誤り、適用するべきでない法律を適用したとしても、その警察官が適法な職務執行であると信じて行ったものであれば、一応、適法な職務行為と認めるべきである。

しかし、当時の客観状況に照らし、その誤認が極めて明白であり、適正な公務の執行とは認められないときは、たとえその公務員が正しい職務執行だと信じていたとしても、適法な職務行為とは認められないと解するのが相当である。

判決要旨②

本件の警察官は、被告人が当時いささか飲酒酩酊していたにすぎず、何ら応急の救護を要する状態ではないのにかかわらず、被告人が立ち去ろうとするのを見るや、警察官職務執行法第3条第1項第1号に規定する「泥酔者」と速断し、やにわに被告人の腕を握ったのであるから、当時の客観状況に照らしその誤認は極めて明白であって、到底公務の執行とは認められず、警察官がたとえ適法な職務執行であると信じていたとしても、適法な職務行為とは言い難い。

したがって、本件警察官に暴行を加えても、公務執行妨害罪が成立しない。

126 　警職法第3条　保護

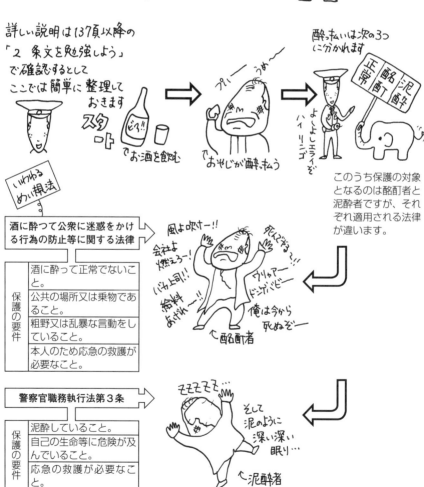

1 判例から実務を学ぼう 127

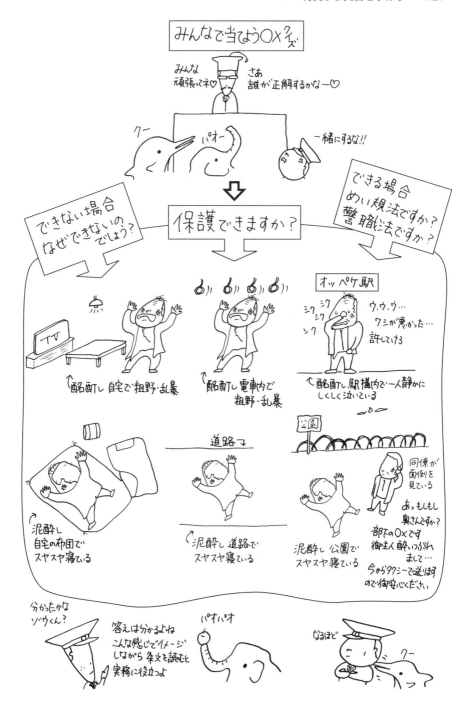

| 2 | 警職法第3条第1項第1号に該当するものを保護する際、後ろ手錠をかけてパトロールカーで連行したことは違法である。

(高知地判昭 48.11.14)

◇ 事案の概要

① 甲と乙は、酒を飲んで、午後10時頃、それぞれ原動機付自転車を運転して帰宅中、甲が交番前において乙を追い抜いたところ、これを並進進行してきたものと誤解した警察官は甲を停止させたが、乙は走り去った。

甲は、警察官から、交番内において、飲酒運転を注意されたが、飲酒量、運転距離、自宅までの距離が短かったことなどから、警察官から説諭されただけで帰宅を許された。

その後、警察官が甲の先に立って交番を出たところ、歩道上を千鳥足で歩いてきた乙と出会い、警察官が、乙に対し、運転免許証の提示を求めた。

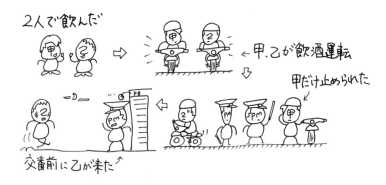

② しかし、乙はこれを拒み、また警察官の肩を突くなどしたため、警察官は乙を説得し、同交番へ入れた。

③　交番内において、乙が飲酒していたことが明らかとなり、警察官が応援依頼のため電話連絡中、乙が甲とともに外へ出ていってしまった。警察官は両名を追いかけ、「おいちょっと待て」と呼びかけたところ、乙が「生意気な、お前を殺してやる」などと言いながら意気荒く甲とともに暴言を吐いた。

④　警察官は、乙に検知に応ずるよう説得したが、乙はわめくなどしてこれに応ぜず、一方、甲は、その間、警察官と乙との間に入って許してくれるよう懇願したり、カウンター上に置いてあった飲酒量検知用の風船を隠そうとしたり、乙の手を取って帰ろうとしたりして捜査を妨げるような行動をし、警察官の制止に従わなかったため、警察官は、公務執行妨害のおそれがあるとして、甲を交番外へ連れ出した。

甲が外へ連れ出されると、乙はおとなしくなり、取調べにも応ずるようになった。

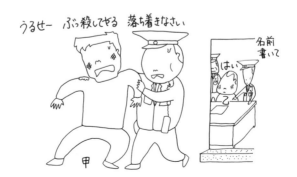

⑤ 外では、甲が、警察官に押さえられながらなお暴れている状態であったため、甲をパトカーに乗せて保護しようとしたところ、甲はドアを蹴るなどして暴れた。そこで、警察官が甲に手錠を後ろ手にかけた上でパトカーに乗せ、なおも時折前部座席を蹴るなどして暴れる甲を押さえつけながら、午後11時過ぎ頃、警察署に連行した。

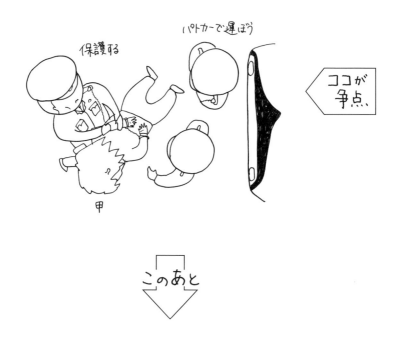

⑥ 同署に到着後、甲を署内事務室の椅子にかけさせていたが、間もなく落着きを取り戻し、暴れないから手錠を外してほしい旨の甲の申立てにより、手錠を外して保護を解除した。

甲はその後同署において飲酒運転の事実につき取調べを受け、午前零時10分頃、同署から前記交番までパトカーで送られ、帰宅した。

1 判例から実務を学ぼう 131

判決要旨①

　警職法第3条第1項第1号による保護については、必要に応じその者の意思に反して強制的に行うことができ、もし必要であれば手錠等の戒具を使用することもできる。

　しかし、手錠は、逮捕した被疑者が逃亡、自殺、暴行などのおそれがある場合に使用されるのが通例であって、保護の手段として手錠を使用することについては、極めて慎重でなければならない。

　特に、いわゆる後ろ手錠は、通常の手錠の使用方法に比べて強力、過酷であって、その者の受ける不利益の程度は一そう強いうえ、場合によっては身体に危険を及ぼすこともあることから、特別の事情がある場合の外、安易にこれを用いるべきではない。

結局…

> **判決要旨②**
>
> すでに述べたとおり、後ろ手錠をするについては特に慎重でなければならないところ、本件の場合、乙はすでにおとなしく取調べに応ずるようになっていたからそちらに注意を払う必要はなく、またパトカーを運転して来た警察官も居たのであり、一方甲は異常に興奮していたとはいえ、一時的なものであったし、その抵抗の程度からして通常の手錠の使用方法で十分に目的を達したものと認められ、また、特に後ろ手錠でなければならないような特別の事情は認められない。本件の場合、パトカーに乗せて連行するのであるから、後ろ手錠のままではかえって乗車中不自然な姿勢を強いられることになり、座席にもたれた場合は身体傷害等の危険さえ生じることは当然予想されたところであって、これらの点に照らすと本件の場合、後ろ手錠をすべき事態にはなかったものといわねばならない。
> よって、警察官に過失があったものといわざるを得ず、後ろ手錠をしたことについて、警察官の行為の結果生じた損害を賠償する義務がある。

という判決になり 約4万円余の賠償金（治療費や慰謝料）の支払いを警察側（都道府県が支払います）に命じました

職務執行は正しかったけど保護の方法がまずかったということだね

そうです
特に戒具の使用はもちろんのこと手錠の使用については 真にやむを得ないときにだけにし使うときも 可能な限り前手錠で使う必要がありますね

1 判例から実務を学ぼう 133

 深夜、自宅で就寝中の者を警職法第3条第1項第1号所定の泥酔者として警察署へ連行したのは違法である。

(横浜地判昭 49.6.19)

◇ 事案の概要

① 甲は、自己の経営する飲食店をいつもと同じように午後11時頃に閉め、12時頃に食事を終え、パチンコ店の上にある甲の居室へ戻るため階段を上っていった。二階は甲の住む部屋があるほか従業員宿舎として使用されていたが、その共用廊下の電灯がついていなかったことに腹をたてた甲は、廊下左側10畳の部屋のガラス戸をこわした。

② その後、その音を聞いて部屋から出てきた従業員と甲との間に争いが始まり、もみ合ったりしたが、ほどなくやめ、甲は自分の部屋に帰って着ていた白衣を脱ぎ、下着だけになって寝床に入った。

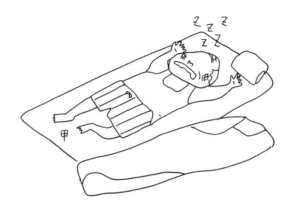

③ 警察官は、パチンコ店でけんかがあったとの通報を受け、現場に急行した。警察官が到着すると、階上の廊下にはガラスが散乱し、けんかがあったらしい形跡はあったが、すでに騒ぎはおさまっており、甲の姿は見えなかった。

しかし、けんかの通報を受けたことでもあり、警察官は甲の部屋に行き、「起きてください」と声をかけたところ、自分の部屋で就寝していた甲が出てきて、「土足であがってくるとは何だ」と抗議したり、「自分の家をこわしてなぜ悪い」と言ったりした。

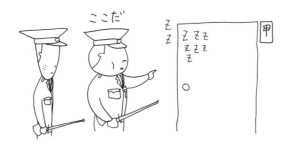

④ その際、甲が酒臭かったので、警察官は甲が泥酔していると判断して保護することとし、抵抗する甲をパトカーに乗せ、午前3時過ぎ頃、警察署へ連行した。

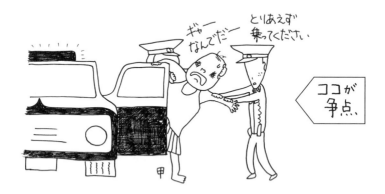

判決要旨①

警察官は、その証言において、「通報をうけて現場に到着した時、原告は廊下にいて、その時の態度、様子は、下着姿で、非常に酒くさく正常に立っていられないような状態で、つかみかからんばかりの勢いでわけのわからぬことを大声でわめき散らしており、警察官に対し、土足で上ってくるとは何だとくってかかったり、自分の家を自分でこわしてなぜ悪いと言ったりしたので、これらのことから、明らかに理性を失い正常な状態ではなく泥酔というに近い状態だと判断し、周囲の状況から保護を必要とするものと判断した」旨、述べている。

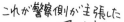

判決要旨②

しかし、警察官が到着した時、原告が廊下にいたとの供述は、信用できず、また原告の酔いの程度については、飲酒量はそれほどでもなく、しかも原告は酒は弱いほうではないこと、けんかの時、原告はそんなに酔っておらず足がフラフラの状態でもなかったこと、とっさの間に警察官の土足を見とがめていること、一寝入りした後で酔いもいくぶんさめてきていると推測されることを考えてると、警察官が原告を起こした時点では、原告は泥酔状態で意識が混濁し、常軌を逸した行動に出ている状態にあったものとは認められないし、自室に戻って寝ていたのであるから、自己又は他人の生命、身体、財産に危害を及ぼす行為に出るおそれもなかったというべきである。

136　警職法第3条　保護

判決要旨③

警察官たる者は、特に人身を保護するにあたっては、人権を侵害することのないよう慎重に行動する義務があるのであって（警職法1条参照）、たとえ、けんかの通報をうけて出動し、ガラスが散乱しけんかを疑わせる状態があったにしても、すでに自室で就寝している者を起こし、本人の様子が酒臭く、乱暴なことを言ったからといって、それをもって直ちに、泥酔者であって、自己・他人に危害を加えるおそれある者と判断し、即座に警察署に連行したことは違法な措置であり、警職法第3条第1項第1号にいう保護の要件に該当する事実の認定を誤ったものであり、警察官の過失といわなければならない。

しかしながら 裁判所の判断は厳しいものでした

諸君!! 教訓とせよ!!
※イメージ

この裁判は民事裁判です

結局、警察側の敗訴となり慰謝料として30万円余の賠償金の支払い命令が下りました
ウーン…残念…!!

この判例から学ぶべきことは
有形力を行使して同行するときは
・逮捕なのか・保護なのか
　保護の場合は
・めい規法なのか・警職法なのか
といったことを頭の中で整理して
から判断することが大切だね

何となく強制力を使っちゃダメね

ええぇ

何か嬉しくねー

パオパオ

そんな立派なこと言っちゃって!!
先輩!! 成長しましたねー
僕、嬉しいっす!!

クックー

2 条文を勉強しよう

1 第3条第1項〔保護〕

条文をチェック！

警察官は、異常な挙動その他周囲の事情から合理的に判断して①次の各号のいずれかに該当することが明らかであり、かつ、応急②の救護③を要する④と信ずるに足りる相当な理由のある者を発見したときは、取りあえず⑤警察署、病院、救護施設等の適当な場所⑥において、これを保護しなければならない⑦。

チャートにしよう

```
異常な挙動その他周囲の事情から合理的に判断して
            │
第1号、第2号に該当することが明らかな者
            │
応急の救護を要すると信ずるに足りる相当な理由のある者
            ↓
      保護しなければならない。
```

用語の定義

① 「異常な挙動その他周囲の事情から合理的に判断して」

警察官の主観的な判断ではなく、社会通念による客観的な判断によりとい

う意味。

具体的には、
- 異常な動作
- 周囲の事情等から、誰が見ても精神錯乱状態にある。
- 迷い子となって危険が迫っている。

等の状況にあることを要する。

② 「応急」

差し迫った状況のこと。

③ 「救護」

その者を救うために保護すること。

④ 「要する」

必要があるという意味。

第3条第1項の各号に該当する状況があっても、応急の救護の必要性がない場合には、本条に基づく保護はできない。

⑤ 「取りあえず」

一時的にという意味。警察官には一時的な救済権限しか付与されていない。

> **Point**
> ◇ 「取りあえず」に当たらない例
> - 父母等がいないことを理由とした、警察施設等における養育
> - 経済的に困窮していることを理由とした、生活面での継続的な保護

⑥「適当な場所」

保護するために適当な場所という意味。

警察署、病院、救護施設等は例示的列挙であるから、例示されたような施設がない場合、付近の家屋等、保護するために「適当な場所」を探して保護することもできる。

> **Point**
>
> ◇ 「保護」に着手できる場所
> 　酒に酔つて公衆に迷惑をかける行為の防止等に関する法律の保護の場合
> 　→　保護に着手する場所は「公共の場所」に限られる。
> 　警職法の保護の場合
> 　→　制限がない。

⑦「これを保護しなければならない」

保護に着手する場所は、一般的には駅や道路など、公共の場所が多いが、それに限らず、精神錯乱者が自宅内において、

- 自己を傷つける。
- 家族に暴行を加える。

などの行為をしている場合は、家屋からその精神錯乱者を連れ出し、交番や警察署等において保護することもできる。

> **Point**
>
> ◇ 本条の保護活動として認められない行為
> - 犯罪捜査に利用するため、要保護者の身柄を拘束した上で取調べを行う。
> - 要保護者から取り上げた凶器等を証拠資料とする。
> 　ただし、本条による保護と並行し、刑事訴訟法に基づいて犯罪捜査を行うことは、当然に許される。

◇ **任意による保護活動**

警察法第2条の責務を達成するために行われる任意の保護の場合、本条に定める要件を必要としない。

〈具体例〉
- 山岳の遭難者の救助
- 家出人、幼児、認知症の老人の捜索
- 本人や家族の申出によって行う保護活動

Point

◇ **参考条文**

酒に酔つて公衆に迷惑をかける行為の防止等に関する法律　第3条（保護）

1　警察官は、酩酊者が、道路、公園、駅、興行場、飲食店その他の公共の場所又は汽車、電車、乗合自動車、船舶、航空機その他の公共の乗物（以下「公共の場所又は乗物」という。）において、粗野又は乱暴な言動をしている場合において、当該酩酊者の言動、その酔いの程度及び周囲の状況等に照らして、本人のため、応急の救護を要すると信ずるに足りる相当の理由があると認められるときは、とりあえず救護施設、警察署等の保護するのに適当な場所に、これを保護しなければならない。

2　前項の措置をとつた場合においては、警察官は、できるだけすみやかに、当該酩酊者の親族、知人その他の関係者（以下「親族等」という。）にこれを通知し、その者の引取方について必要な手配をしなければならない。

3　第1項の規定による保護は、責任ある親族等の引取りがない場合においては、24時間をこえない範囲内でその酔いをさますために必要な限度でなければならない。

4　警察官は、第1項の規定により保護をした者の氏名、住所、保護の理由、保護及び引渡しの時日並びに引渡先を毎週当該保護をした警察官の属する警察署所在地を管轄する簡易裁判所に通知しなければならない。

2　第3条第1項第1号〔精神錯乱者、泥酔者〕

> **条文をチェック！**
>
> 精神錯乱①又は泥酔②のため、自己又は他人の生命、身体又は財産に危害を及ぼすおそれのある者

本項第1号に該当する者を保護する場合、相手の承諾の有無にかかわらず、強制的に保護することができる。

用語の定義

① 「精神錯乱」

精神に異常を来した者のこと。

精神疾患者だけでなく、異常に興奮した状態にある者や薬物の影響が出た者など、一時的な原因によるものも含む。

Point

◇ 精神錯乱の者を保護した場合
- 精神保健及び精神障害者福祉に関する法律第5条にいう精神障害者と認められるとき。
- あるいは、その疑いがある者と認められるとき。
  警察官は、直ちに、最寄りの保健所長を経て、都道府県知事に通報しなければならないとされている。

◇ 参考条文
○精神保健及び精神障害者福祉に関する法律
（定義）
第5条　この法律で「精神障害者」とは、統合失調症、精神作用物質による急性中毒又はその依存症、知的障害その他の精神疾患を有する者をいう。

② 「泥酔」
　アルコールの影響により正常な判断能力や意思能力を欠いた状態にある者のこと。

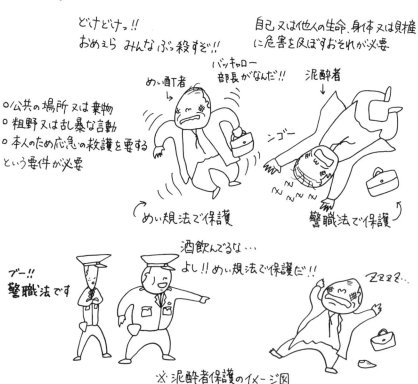

3 第3条第1項第2号〔自身で生命、身体、財産を守ることのできない状態にある者〕

条文をチェック！

迷い子、病人、負傷者等①で適当な保護者②を伴わず、応急の救護を要すると認められる者（本人がこれを拒んだ場合を除く③。）

用語の定義

① 「**迷い子、病人、負傷者等**」

自分で自分の生命、身体、財産を守ることができない状態にある者のこと。

「迷い子、病人、負傷者等」とあるのは、例示的列挙である。

② 「**適当な保護者**」

親族、会社の上司等、その者を保護すべき責任と能力がある者のこと。

③ 「**本人がこれを拒んだ場合を除く**」

本人が明白に保護を拒否した場合には、強制的に保護することができないという意味。拒否は、意思能力のある通常人の真意から出たものでなければならないので、

- 単に幼児が「いやだいやだ」と駄々をこねる。
- 病人がうわごとで保護を拒む。

のような場合は、ここでいう「本人がこれを拒んだ場合」に当たらない。

条文をチェック！

〈第3条第2項〉

　前項の措置をとつた場合においては、警察官は、できるだけすみやかに、その者の家族、知人その他の関係者にこれを通知し、その者の引取方について必要な手配をしなければならない。責任ある家族、知人等が見つからないときは、すみやかにその事件を適当な公衆保健若しくは公共福祉のための機関又はこの種の者の処置について法令により責任を負う他の公の機関に、その事件を引き継がなければならない。

〈第3条第3項〉

　第1項の規定による警察の保護は、24時間をこえてはならない。但し、引き続き保護することを承認する簡易裁判所（当該保護をした警察官の属する警察署所在地を管轄する簡易裁判所をいう。以下同じ。）の裁判官の許可状のある場合は、この限りでない。

〈第3条第4項〉

　前項但書の許可状は、警察官の請求に基き、裁判官において已むを得ない事情があると認めた場合に限り、これを発するものとし、その延長に係る期間は、通じて5日をこえてはならない。この許可状には已むを得ないと認められる事情を明記しなければならない。

〈第3条第5項〉

　警察官は、第1項の規定により警察で保護をした者の氏名、住所、保護の理由、保護及び引渡の時日並びに引渡先を毎週簡易裁判所に通知しなければならない。

2 条文を勉強しよう　145

 警職法「保護」まとめ

異常な挙動その他周囲の事情から合理的に判断して

〈第1項第1号に該当〉
- ｛精神錯乱 又は 泥酔｝
- 自己又は他人の生命、身体又は財産に危害を及ぼすおそれがある

〈第1項第2号に該当〉
- 自分自身で生命、身体、財産を守ることができない状態にある者
  （例）迷い子、病人、負傷者等
- 応急の救護を要すると認められる者
- 本人が拒否しない

応急の救護を要すると信ずるに足りる相当な理由がある

保護

よーく整理してね

保護の措置をとった場合（第2項）

- その者の家族
- 知人その他の関係者
- （責任ある者が見つからないとき）

速やかに通知　　　　　　　　引継ぎ

引取方について手配

- 公衆保健・公共福祉の機関
- 責任を負う他の公の機関

保護の期間（第3項、第4項）

24時間を超えない　　※ 起算点は保護に着手したとき（警察署等に収容したときではない）

簡易裁判所裁判官の許可状により、5日まで延長可

「やむを得ない事情」の明記が必要

146　警職法第3条　保護

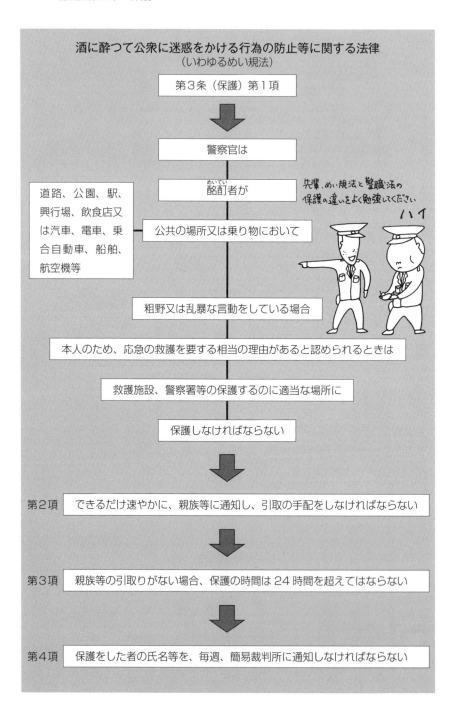

3 SAに挑戦しよう 147

3 SAに挑戦しよう

次の各設問につき、正誤を判断せよ。

問1 警職法第3条の保護は、一定の状況下にある要保護者を発見した場合、警察官に対して即時強制を含む手段を用いて保護する職務上の権限を付与したものである。

問2 警職法第3条の保護の要件と、いわゆるめい規法第3条の保護の要件とを共に満たす酔っ払いを発見して保護する場合は、特別法たるめい規法を適用して保護することとされている。

問3 既に成人に達して一人前の分別を備えている者が両親の意に反して家出をした場合、当該両親から保護の要請があっても、その者が拒んだときは、本条に基づき強制的に保護することはできない。

問4 精神錯乱のため他人の財産に損害を与えるおそれのある者であると認められる場合であっても、直ちに救護しなければ本人の生命・身体に危険が及ぶものでなければ、警職法第3条の保護の要件を満たさない。

問5 警職法第3条第1項第1号の自己又は他人の生命等に「危害を及ぼすおそれ」は、保護の時点で存在していなければならず、現実の保護の時点で消滅していたならば、保護することはできない。

問6 警職法第3条の保護は、保護に着手してから24時間を超えて行うことができないが、特別な事情があり、簡易裁判所の裁判官の許可状を得た場合、保護に着手した日から起算して10日間の範囲内で保護を継続することができる。

問7 警職法第3条第1項の規定による精神錯乱者又は泥酔者の保護は、これらの者が自己又は他人の生命、身体又は財産に危害を及ぼすおそれがあり、応急の救護を要すると認められる場合に限って行うことができ、保護の必要がなくなった場合には、速やかに保護を解くべきである。

問8 警職法第3条の「保護」は、警察官に対して一定の状況下にある要保護者

148 警職法第3条　保護

を発見した場合、即時強制の手段を用いて保護する職務上の権限を付与した
ものであるとともに、警察官に保護すべき義務を課するものである。

問9　警職法第3条の保護は、原則として24時間を超えてはならないが、保護開
始の起算点は、街頭等の現場において保護に着手した時であり、警察署等の
適当な場所で現実に保護を開始した時ではない。

問10　警職法第3条第1項第2号の「迷い子、病人、負傷者等」を発見した場合
は、応急の救護を要すると信ずるに足りる相当な理由があり、適当な保護者
を伴っていないときには、とりあえずの措置として保護しなければならない
が、この保護をするために、保護バンドを使用することはできない。

問11　警職法第3条所定の保護場所は、例示的列挙の場所であるから、警察官は
保護を行う場所として相当な事情がある場所であれば、ホテル、公民館等を
利用して対象者を収容することができる。

問12　被保護者が危険物等を所持している疑いがある場合は、所持品を検査する
ことができる。そして、危険物等を発見した場合は、一時的に保管すること
ができる。

問13　保護を実施した場合には、警察官はできるだけ速やかに、被保護者の家
族、知人その他関係者にその事実を通知し、被保護者の引取方について必要
な手配をしなければならない。

問14　警察は、被保護者の氏名、住所、保護の理由、保護及び引渡しの日時・引
渡先を毎月、家庭裁判所に通知しなければならない。

問15　保護措置をとった場合、被保護者の家族等に通知し、引取方について手配
をしなければならないが、引取方の手配とは、保護者の呼出しその他被保護
者を家族、知人等に引き渡すために必要な手段を講ずることを意味し、状況
によっては送り届けることも含む。

問16　警職法第3条に基づく他の機関への被保護者の引継ぎに当たっては、必ず
しも犯罪捜査手続のような関係書類をもって引き継ぐ必要はなく、被保護者
の身柄を事実上引き渡せば足りる。

問17　警察官は、被保護者のためでなく、専ら、精神錯乱者等によって危害が加

えられるおそれがある第三者の生命等を守るために保護の措置をとることができる。

問18 迷子が正常な判断能力を有すると認められ、かつ、迷子自身が明示的に保護を拒絶した場合、警察官は当人を保護することができない。

問19 保護を行うことができるかどうかの判断を、警察官の主観的判断に委ねることは許されない。

問20 警職法第3条第1項各号が定める要件の有無は、異常な挙動その他周囲の状況から合理的に判断しなければならないが、その際、当該警察官の職業的な専門知識や経験を反映しても差し支えない。

問21 警職法第3条第1項第1号に規定される「精神錯乱者」、「泥酔者」に対する保護は「即時強制」であるから、保護の要件を満たしていれば、保護に当たってこれらの者が抵抗した場合、必要かつ相当と認められる限度で実力を行使して抵抗を排除できる。

問22 警職法第3条の保護の対象となる「精神錯乱者」であるか否かの判断は、刑法にいう「心神喪失者」に当たるか否かと密接に関係しており、通常、「精神錯乱者」は「心神喪失者」に該当する。

問23 覚醒剤を使用している者は、薬物の影響によって精神が正常でない状態にある蓋然性が高いことから、それだけで直ちに「精神錯乱者」として警職法第3条の保護の対象となる。

問24 「泥酔」とは、アルコールの影響により意識が混濁し、正常な判断能力や意思能力を欠いた状態を意味し、医学的な意味における「泥酔」と同じ意味であり、刑法上の「心神喪失」の状態にあることを要する。

問25 警職法第3条第1項第2号の「迷い子」、「病人」、「負傷者」等については、「応急の救護を要する」との要件が同条第1項柱書き部分と第2号で二重に規定されていることから、第1号の場合に比べ、より高度の救護の必要性を要するものと解されている。

150 　警職法第３条　保護

正解・解説

問１　正しい。

　警職法第３条第１項は、「これを保護しなければならない。」と定め、保護することが警察官の義務であることを示している。なお、この規定は、同時に、警察官に即時強制を含む手段をとる職務上の権限を付与するものである。

問２　誤り。

　いわゆるめい規法は、警職法第３条で保護できなかった泥酔に至らない「酩酊者」を保護できるようにし、保護の万全を期そうとする趣旨で設けられたものである。したがって、両法の保護の要件を満たした場合、めい規法の補充的性格からして、警職法第３条を適用して保護することとされている（昭36.6.6警察庁乙保発10）。

問３　正しい。

　２号該当者は自救能力のない者を意味するが、成人の家出人は、自救能力があるのが一般であって、警察が介入する必要性が低く、本号に該当しない。したがって、成人の家出人の両親から保護の要請があっても、本人の意思に反して強制的に保護することはできない。

問４　正しい。

　保護の対象は、１号及び２号該当者のいずれかであることが明らかで、かつ、応急の救護を要すると信ずるに足りる相当の理由のある者である（警職法３条１項）。したがって、精神錯乱のため１号に該当すると認められる者でも、直ちに救護しなければ本人の身に危険が及ぶという状況にない場合は、保護の要件を満たさない。

問５　正しい。

　警職法第３条第１項第１号の趣旨は、本人の保護にある以上、「危害を及ぼすおそれ」は、保護の時点で存在していなければならない。

問６　誤り。

　保護は一時的なものであるから、24時間を超えてはならないが、やむを得ない事情があると認めた場合には、例外的に、簡易裁判所の裁判官の許可状を得て、この時間を超えて保護を継続することができる（警職法３条３項）。

3　ＳＡに挑戦しよう　*151*

この期間は、通じて5日を超えてはならないとされている（同条4項）。

問7　正しい。

　精神錯乱者又は泥酔者の保護については、精神錯乱又は泥酔のため、自己又は他人の生命、身体又は財産に危害を及ぼす危険性のあることが明らかであり、かつ、直ちに救護しなければ本人の身に危険が及ぶという状況になければ、保護に着手することはできない。また、このような危険性がなくなり、保護の必要がなくなったときは、直ちに保護を解くべきであるとされている。

問8　正しい。

　個人の生命、身体及び財産の保護は、警察法第2条が定めるように警察の重要かつ基本的な責務であるが、この責務を全うするため、警職法第3条は、個々の警察官に一定の状態にある者を保護する権限を認めるとともに、その目的を達成するために必要かつ相当と認められる限度で実力を行使することを認め、特に相手方が精神錯乱者又は泥酔者である場合には、即時強制として、その者の承諾の有無にかかわらず、身体を拘束し、強制的に保護することができることとしている。また、同条第1項は、「これを保護しなければならない。」と定めて、保護すべき義務を負わせている。

問9　正しい。

　保護は、原則として24時間を超えてはならない（警職法3条3項）が、この24時間の起算点は、警察署等の適当な場所において現実に保護を行った時ではなく、警察官が街頭等の現場において保護に着手した時であるとされている。

問10　正しい。

　迷子、病人、負傷者等で適当な保護者を伴わず、応急の救護を要すると認められる者（2号該当者については、本人が保護を拒んだ場合を除く。）の保護を行うことができる。しかし、迷子・病人等の2号該当者の保護の実施について、本人が判断能力を欠いている1号該当者に対する場合とは異なり、保護バンドのような戒具を使用して保護の目的を達することは認められない。

問11　正しい。

　保護を行うべき場所として、「警察署、病院、救護施設」が例示されているが、これらは例示的列挙の場所である。したがって、ホテル、公民館等を

正解・解説

152 警職法第3条 保護

利用しても、そこで適切な救護ができるのであれば「適当な場所」における
保護に当たる。

問12 正しい。

凶器や毒劇物など自傷他害のおそれがある物は、安全のために強制的に取
り上げる必要がある。そのため、保護に伴い所持品検査をすることができ、
危険物が発見された場合には、保護の期間中、一時的に取り上げて保管する
ことができる。

問13 正しい。

設問のとおり。なお、適当な保護者がいない場合には、これに代わって保
護を行う意思と能力を有するその他の関係者（その他の親族、職場の上司
等）を見つけて、その者に通知することになる。

問14 誤り。

被保護者の氏名等を通知すべき時期は、毎月ではなく毎週、簡易裁判所に
通知しなければならない。これは、期間の潜脱その他保護権の濫用の防止を
図る趣旨で設けられたものである。

問15 正しい。

設問のとおり。

問16 正しい。

引継ぎに当たっては、必ずしも犯罪捜査手続における事件手続のような関
係書類を引き継ぐ必要はなく、被保護者の身柄を事実上引き渡せば足りる。
そして、これにより警察の保護責任は解除される。

問17 誤り。

警職法第3条に基づく警察官の権限行使は、あくまで被保護者の利益に資
するためのものであり、専ら危害が及ぶおそれがある他人の生命等を守るた
めに保護の措置をとることはできない。他人の生命等の保護は、第5条の制
止等の措置による必要がある。第3条第1項第1号の要件は、第三者である
他人の生命等に危害を及ぼすおそれがある場合も含んでいるが、これは被保
護者本人の意識が混濁していることに着目したものであり、他人の生命等に
対する危害も「被保護者本人の救護を要する状態」を表したものと解されて
いる。

3 SAに挑戦しよう　153

問18　正しい。
　警職法第3条第1項第2号括弧書きは、迷子であっても本人が保護を拒んだ場合は、保護の対象とならないことを定めている。この趣旨は、正常な判断能力を有する者の意思を尊重し、本人が明確に保護を拒絶した場合にまで保護を強制しないということにある。

問19　正しい。
　警職法第3条の保護を行うことができるかどうかの判断は、「異常な挙動その他周囲の事情から合理的に判断し」なければならないのであるから（同条柱書）、その判断は、客観的かつ合理的に行うことが要求されている。

問20　正しい。
　警職法第3条第1項各号の要件の有無は、「異常な挙動その他周囲の事情から合理的に判断」しなければならない。これは、警察官の主観的又は恣意的なものであってはならないが、警察官の職業的な専門知識や経験を反映させることはできる。

問21　正しい。
　設問のとおり。なお、「即時強制」とは、行政主体が行政目的を達成するために行う行政強制の一種で、相手方に義務を命じていたのでは行政目的を達成できない場合、あらかじめ義務を課すことなく実力を行使することをいう。

問22　誤り。
　「精神錯乱者」が「心神喪失者」に該当する場合もあり得るが、両者の間に直接的な関係はないとされている。

問23　誤り。
　薬物の影響により、精神が正常でない状態にまで至るとは必ずしもいえないことから、薬物を使用したことのみをもって、直ちに警職法第3条の保護の対象とはならない。

問24　誤り。
　医学的な意味における「泥酔」とは必ずしも同じではなく、また、判例でも、刑法上の「心神喪失」の状態にまで達していることを要しないとされている（福岡高判昭36.7.14）。

154   警職法第３条　保護

問25　誤り。
　　二重規定に実質的な意味はなく、警職法第３条第１項第１号と第２号にお
　ける「救護の必要性」は同一であると解されている。

警職法第4条

避難等の措置

1 条文を勉強しよう

第4条第1項〔避難等の措置（危険時の措置）〕

条文をチェック！

　警察官は、人の生命若しくは身体に危険を及ぼし、又は財産に重大な損害を及ぼす虞のある①天災②、事変③、工作物④の損壊、交通事故⑤、危険物の爆発⑥、狂犬、奔馬の類等⑦の出現、極端な雑踏⑧等危険な事態がある場合⑨においては、その場に居合わせた者⑩、その事物の管理者⑪その他関係者⑫に必要な警告⑬を発し、及び特に急を要する場合⑭においては、危害を受ける虞のある者に対し、その場の危害を避けしめるために必要な限度でこれを引き留め⑮、若しくは避難させ⑯、又はその場に居合わせた者、その事物の管理者その他関係者に対し、危害防止のため通常必要と認められる措置⑰をとることを命じ⑱、又は自らその措置をとる⑲ことができる。

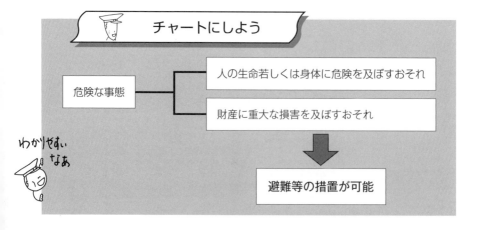

用語の定義

① 「人の生命若しくは身体に危険を及ぼし、又は財産に重大な損害を及ぼす虞のある」

　天災、事変等の直接危害が及ぶ危険な事態の内容に限定したもの。

　人の生命、身体又は財産に直接危害を及ぼすに至らない「抽象的な公共の危険」（社会公共の秩序を乱すような行為）を適用外とする趣旨である。

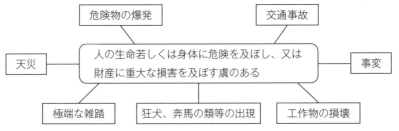

▷「人」

　不特定多数の者に限らず、個人も含まれる。

　この「人」とは、警察官から見た他人という意味であるから、警察官個人は含まれない。

② 「天災」

　豪雨、津波、地震等の自然災害のこと。

③ 「事変」

　戦争、暴動、火災等の人為的災害のこと。

④ 「工作物」

　土地に定着し、人の手によってつくられた物のこと。

　建造物は工作物の代表的なものであるが、その他、電柱、看板、彫刻等の工作物も全てここでいう「工作物」に当たる。

⑤ 「交通事故」

　電車、船、航空機、自動車、自転車等の交通機関によって、人が死傷し又は物が損壊すること。

　ここでいう「交通事故」は、道路交通法上の交通事故に限らない。

　よって、道路上で発生した事故に限らず、交通機関によって発生した事故は全て本条にいう「交通事故」に該当する。

⑥「危険物の爆発」

　火薬類、ガソリン等の石油系液体、原子炉など、爆発性を有する危険物が爆発すること。

⑦「狂犬、奔馬の類等」

　野犬、暴れ馬、猛獣等のこと。

⑧「極端な雑踏」

　祭礼、集会等に集まった群衆によって、危険な状態になっている状況のこと。

⑨「危険な事態がある場合」

　現に危険が発生している状態のこと。

　「危険な事態がある場合」には、危険が及びそうな状況だけでなく、発生した災害等によって既に被害を受けている者がいる場合も含む。

　②～⑧は例示であり、これらと同様に人の生命・身体に危険を与え、財産に重大な損害を及ぼす危険な事態も対象となる。

⑩「その場に居合わせた者」

　危険が発生した場所にいる者のこと。

⑪「その事物の管理者」

　「その事物」とは、危険の原因となっている工作物等のこと。

　「管理者」とは、当該工作物等を直接管理している者のこと。

⑫「その他関係者」

　管理者の部下や使用人等、危険物に直接的又は間接的に関係のある者のこと。

⑬「警告」

　「その場に居合わせた者」、「その事物の管理者」、「その他関係者」に対し、危険を防止するために必要な注意や指示を与えること（任意措置）。

　警告は命令ではないから、警告を受けた者はこれに従う法的義務はないが、警察官の正当な警告を受忍する義務がある。

> **Point**
>
>
>
> ◇　警告の方法
>
> 　通常、口頭や文書によって行われるが、これに限らず、手振りや警笛、あるいはサイレン等によっても行われる。

⑭「特に急を要する場合」

　危険な事態があるだけでなく、その危険が切迫した状態のこと。

　警告だけでは危険を回避できず、即時強制の手段を用いる以外に方法がない場合のこと。

⑮「引き留め」

　危険な場所に入ろうとする者を制止すること。

⑯「避難させ」

　危険な場所から避難させること。

⑰「通常必要と認められる措置」

　社会通念上、危害防止のために用いられる適切かつ相当な手段という意味。

　〈具体的な方法〉
- 危険区域への立入の禁止
- 破損した工作物の撤去

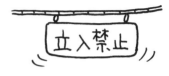

⑱「命じ」

　命令すること。

　命令された者は、その命令に従う法的義務がある（強制的措置）。

　従わない場合であっても、罰則はない。しかし、軽犯罪法第1条第8号の規定が適用される場合がある。

> **Point**
>
> ◇　参考条文
>
> ○軽犯罪法
>
> **第1条**　左の各号の一に該当する者は、これを拘留又は科料に処する。
>
> (8)　風水害、地震、火事、交通事故、犯罪の発生その他の変事に際し、正当な理由がなく、現場に出入するについて公務員若しくはこれを援助する者の指示に従うことを拒み、又は公務員から援助を求められたのにかかわらずこれに応じなかつた者

⑲「自らその措置をとる」

　危険防止のために警察官が自ら「通常必要と認められる措置」をとること。警察官による即時強制の手段のこと。

> **Point**
> ◇ 「自らその措置をとる」が認められない場合
> - 現実に危険が生じていない場合（単に危険であることだけでは足りない。）
> - 警察官以外の第三者に危険が及ばない場合
> - 義務不履行による代執行の場合

> **Point**
> ◇ 即時強制
>
> 　国民の身体・財産に直接実力を行使し、行政目的を達成するための権限である。相手方が拒否、抵抗しても実力で排除することができる。
> - 緊急の必要があって、事前に国民に義務を科す余裕がない場合
> - 義務を科すべき相手方が明らかでない場合
> - 事柄の性格上、行政機関が直接実力を行使することが必要な場合
>
> などに行われる。
> 　警察官が行う適法な即時強制的行為に対し、暴行を加えるなどにより抵抗等した場合には、公務執行妨害罪が成立する。

本条に基づき、警察官から危害防止のため、「必要と認められる措置」をとるように命じられた事物の管理者等は、本条の「警告」とは異なり、当該命令に従う法的義務を負う。

　本条の「又は財産に重大な損害を及ぼす虞のある」との文言が「（天災など列記）危険な事態」にかかることは明らかである。したがって、財産に重大な損害を及ぼす危険な状態が切迫している場合には、本条所定の強制的措置を講ずることができる。

	警　　告	強制的措置
状　　況	危険な事態がある場合	左のほか特に急を要する場合
管理者等の法的義務	無（受忍義務は有）	有

条文をチェック！

〈第４条第２項〉

　前項の規定により警察官がとつた処置については、順序を経て所属の公安委員会にこれを報告しなければならない。この場合において、公安委員会は他の公の機関に対し、その後の処置について必要と認める協力を求めるため適当な措置をとらなければならない。

162　警職法第4条　避難等の措置

2　SAに挑戦しよう

次の各設問につき、正誤を判断せよ。

問1　警職法第4条における避難等の措置については、警察の重要な責務として与えられた権限であるが、警察官が切迫した危険を知り得る場合において、その権限不行使は、職務上の義務違反として違法とされることがある。

問2　警職法第4条に基づく権限行使は、財産に損害を及ぼす危険な事態が迫った場合でも、軽微な損害を与えるにすぎない危険状態のときには認められない。

問3　措置命令の対象となる者は、危険な事態の発生又は収拾について責任を有する者に限られず、それ以外の者に対しても必要な限度で引き留め若しくは避難させ、又は通常必要と認められる措置をとることを命ずることができる。

問4　警職法第4条の「引き留め」又は「避難させる」という措置は、直接具体的な危害を及ぼすおそれがある場合に限られず、直接の危害を及ぼすに至らない抽象的な公共の危険がある場合であってもこれらの措置をとることができる。

問5　警職法第4条の警告は、危害防止のための措置命令と異なり、相手方に対してこれに従う法的義務を課するものではない。

問6　危険な事態に対処するための警察官の措置が、災害対策基本法等、他の法律にも規定されているときは、災害対策基本法等、他の法律が優先し、警職法第4条の規定は補充的に適用される。

問7　警職法第4条の「措置命令」は、事物の管理者その他の関係者に対して行われるものであるから、事態の発生に関係のない、その場にたまたま居合わせた者に対しては、これを行うことができない。

問8　警職法第4条に基づく措置命令に従わなかったため、警察官が自ら危険防止の措置を講じた場合には、これに要した費用を関係者から徴収することができる。

問9 警職法第4条（避難等の措置）にいう「危険な事態」は、人の生命、身体に危険を及ぼし、又は財産に重大な損害を及ぼすおそれのある事態であれば、その原因等を問わず、危害の及ぶ本人が自らの意思で危険な事態を招いた場合であっても、本条の対象となり得るが、行政代執行による家屋取壊しの際に、退出を拒んで屋内にとどまっている者などは、本条に基づき、強制的に連れ出す等の措置をとることはできない。

問10 警職法第4条第1項に基づく避難等の措置において、危険な事態がある場合とは、抽象的な危険ではなく、人の生命、身体などに危害が及ぶおそれのある具体的な危険のある状態である場合をいう。

問11 警職法第4条に基づき避難等の措置をとったことにより警察責任のない者の権利を制限し、経済的負担を課した場合は、その損失を補償する必要はなく、また、警察が自らその措置をとるのは「代執行」に当たることから、後に関係者からその費用を徴収することができる。

問12 危害を避けさせるために引き留め、又は避難させるなどの措置は、相手の意思に反しても行うことができる。

問13 交通事故によって危険な事態が生じた場合にも、警職法第4条を根拠として避難等の措置をとることができる。

問14 警職法第4条にいう避難等の措置は、「危険な事態」が発生している場所近辺にいる者だけでなく、その危険な事態を発生させている本人もその対象となり得る。

問15 「警告」は、危険からの避難又は危険の防止について必要な予告又は注意を与えることである。例えば、豪雨で堤防決壊のおそれがある場合に、住民に避難用意の注意を与え、橋が壊れている場合に通行危険の掲示をし、広告塔が倒れそうになっている場合に管理者に修理を勧告することなどが、警告に当たる。

問16 「危険な事態がある場合」とは、危険の発生があった状態をいう。警職法第4条第1項後段の「特に急を要する場合」は、この事態の中でも危険の発生が現実に発生した事態をいうので、警職法第4条第1項前段の「警告」の段階は、この発生の度合いがやや緩い事態を予想しているものであり、災害等が既に発生して現に被害を受けている者がある場合を含まない。

164　警職法第4条　避難等の措置

問17　警告の方法としては、通常、口頭、文書、掲示等が用いられるが、これに限らず、その事態に適した方法を用いることができる。例えば、警笛、警鐘、又はサイレンを鳴らしたり、縄を張ったり、手振り、手まねを用い、ラジオ、テレビにより放送し、場合によっては、ヘリコプターを飛ばし、騎馬、白バイ、パトカーを走らせることなども考えられる。ただし、相手の意思に反してその身体に実力を加えることはできず、説得の手段にとどめなければならない。

問18　「警告」、「引き留め」又は「避難させる」行為は、被害者を災害から救護する作用である点で、警職法第3条の「保護」と同じ性質を持つものである。すなわち、警察の作用は通常、社会公共の秩序の維持のため国民の権利を制限するものであるが、「引き留め」や「避難させる」行為は、場合によっては、相手方に対し実力を行使することがあっても、それはその人の自由を制限するというよりむしろそれを補充又は充足するものである点に特色がある。

問19　特に急を要しやむを得ない場合には、危害を受けるおそれのある者を強制的に引き留め又は避難させるために、警職法第4条に基づき強制力を用いることができる。

問20　人の生命若しくは身体に危険を及ぼし、又は財産に重大な損害を及ぼすおそれのある事態については、その原因や状態の違法性・正当性の有無を問わず、「危険な事態」として警職法第4条の措置の対象となる。

問21　警職法第4条に基づき行う「警告」は任意活動であるが、事態の重大性等によっては、強制にわたらない範囲内で、必要最低限度の実力行使を伴う行動による「警告」も認められる。

問22　警職法第4条に定める「避難等の措置」にいう「危険な事態」に該当するか否かの判断に当たっては、警察官が現場で認識した事実のみではなく、その職務的な専門知識や経験を加味して判断してもよい。

問23　警職法第4条に基づきとった措置については、所属の公安委員会に報告することが義務づけられているが、口頭による警告のように、日常勤務で随時行うものであるときは、この報告は要しない。

問24　警職法第4条に基づいて警察官のとった措置については、順序を経て所属の公安委員会に報告しなければならないが、この報告は、全ての事案について詳細な事実の報告が必要となる。

2 ＳＡに挑戦しよう 165

正解・解説

問1 正しい。

　　警察官は、警職法第4条の権限を適切に行使して危害の発生を防止することが期待されているから、切迫した危険の存在を容易に知り得るような場合には、権限の不行使が職務上の義務違反として違法とされることがある。

問2 正しい。

　　財産については、重大な損害を及ぼす危険な状態が迫っている場合に限って、警職法第4条による措置をとることができ、軽微な損害を与えるにすぎない危険状態においてはこの措置をとることはできない。

問3 正しい。

　　警察権による命令又は強制は、警察違反の状態の発生について責任を負うべき者に対して行われるのが原則であるが、警職法第4条は、この原則の例外措置として、危険のある状態において事態の発生、収拾に本来責任を有しないその場に居合わせた者その他被害を受けるおそれのある者を必要な限度で引き留め若しくは避難させ、又はその場に居合わせた者その他危害防止に協力し得る者等に危険防止のため通常必要と認められる措置をとることを命ずることができることとしている。

問4 誤り。

　　警職法第4条第1項の「人の生命若しくは身体に危険を及ぼし、又は財産に重大な損害を及ぼす虞のある」危険な事態がある場合においてとは、人の生命、身体又は財産に損害を及ぼす具体的な危険が切迫している場合という意味であるから、人身に直接の危害を及ぼすに至らない抽象的な公共の危険が迫っている場合には、「引き留め」又は「避難」の措置をとることはできない。

問5 正しい。

　　警職法第4条第1項の警告は、警察官の意思の通知であって、その場に居合わせた者、その事物の管理者その他関係者に対し、危険からの避難又は危険防止について必要な行為を求める注意、指導である。警察下命である措置命令とは異なり、相手方にこれに従う法的義務を課すものではない。

問6 正しい。

　　警職法は、警察官の権限を一般的に定めたものであり、第4条の規定と危

正解・解説

166 警職法第4条 避難等の措置

険が切迫した場合に警察官のとり得る措置を定めた災害対策基本法、消防
法、水防法等の規定とは、一般法と特別法の関係に立つ。したがって、災害
対策基本法等に警察官の権限が規定されている場合は、警察官は、まず特別
法の規定によって措置すべきである。

問7　誤り。

　警職法第4条の措置命令は、その場に居合わせた者にも行うことができる
が、その場に居合わせた者とは、危険な事態が発生するおそれのある場所又
はそれが現に発生している場所及びその近辺にいる一切の者をいう。した
がって、事態の発生に関係のないその場にたまたま居合わせた者に対して
も、措置命令を行うことができる。

問8　誤り。

　警職法第4条は、警察官自らの即時強制の手段を定めたものであって、義
務の不履行がある場合の代執行を定めたものではない。すなわち、行政代執
行法に定める相手方に代わって義務を履行する代執行ではないから、同法に
定める手続をとる必要はないが、費用の徴収も認められない。

問9　誤り。

　「危険な事態」は、その性質・原因を問わず、その状態又は行為が法律上
正当なものであるかどうかも関係ない。本人が引き起こしたものもこれに含
まれる。

問10　正しい。

　人の生命若しくは身体に危険を及ぼし、又は財産に重大な損害を及ぼすお
それのある危険の発生が現に迫っている状態でなければ、避難等の措置をと
ることはできない。抽象的な公共の危険、すなわち、社会公共の秩序を乱す
ような状態では、この措置はとれない。

問11　誤り。

　危険な事態において、関係者に措置を命ずる時間的な余裕のない場合、関
係者が措置命令に従わない場合、危険や混乱を防止するため警察官自ら行う
ことが適当である場合等には、警察官は、警職法第4条（避難等の措置）に
基づき、危害防止のため通常必要と認められる措置を自らとることができ
る。この場合の警察官の措置は即時強制であり、行政代執行法による代執行
には当たらないから費用の徴収はできない。また、避難等の措置により関係
者に与えた損失については、損害が通常比較的小さく、社会通念上受忍すべ

き範囲にとどまると考えられるので、補償規定は置かれていない。

問12　正しい。

　危害を受けるおそれのある者に対して、これを引き留め、又は避難させる措置は、即時強制であって、相手方の意思にかかわらず、実力をもって強制的に行うことができる。ただし、この引き留め又は避難のための実力の行使は、あくまでも、その場の危害を避けさせるために必要な限度でなければならない。

問13　正しい。

　警職法第4条第1項で、「交通事故」も危険な事態の例として挙げられている。交通事故とは、航空機、電車、船舶、自動車等の交通機関によって、人が死傷し、物が破壊されることを意味する。

問14　正しい。

　警職法第4条第1項にいう「危険な事態」は、その原因あるいはその状態の適法性・正当性の有無を問わない。自らの意思で危険な状態を招いた本人であっても、本条の措置の対象となり得る。

問15　正しい。

　なお、警告は命令ではないから、警告を受けた者は、これに従う法的義務はないが、警察官の正当な警告を受忍する義務はある。

問16　誤り。

　危険の発生があった状態ではなく、危険の発生が迫っている状態をいう。また、災害等が既に発生して、現に被害を受けている者がある場合を含む。「危険な事態がある場合」とは、危険の発生が迫っている状態をいう。警職法第4条第1項後段の「特に急を要する場合」は、この事態の中でも危険の発生が現実に切迫してきた事態をいうので、前段の「警告」の段階は、この急迫の度合いがやや緩い事態を予想しているものと思われる。災害等が既に発生して、現に被害を受けている者がある場合を含む。

問17　正しい。

　なお、拳銃を擬したり、威嚇射撃を行うことは、相手方の意思を制圧するものであるから、警告として行うことは認められない。

168　警職法第4条　避難等の措置

問18　正しい。
　設問のとおり。

問19　正しい。
　危険が切迫して、単に警告を発するだけでは不十分であり、又は警告を発していたのでは間に合わず、何らかの実力措置を講じなければ危害を避けられないときは、即時強制として設問のような実行行使が許される。

問20　正しい。
　警職法第4条に掲げられている事例は例示であり、限定列挙ではない。なお、「危険な事態」であるといえるためには、人の生命、身体又は財産に対する、現実的かつ具体的な危険が存在することを要する。

問21　正しい。
　事態の重大性等によっては、強制にわたらない範囲内で、警察部隊により阻止隊形を組むなどの説得のための必要最小限度の実力の行使を伴う行動による警告も認められる。

問22　正しい。
　「危険な事態」についての判断は、警察官が現場で認めた事実のほか、その職業的な専門知識や経験に基づいて行えるが、客観的に合理性が認められる必要がある。

問23　正しい。
　警職法第4条第1項に基づいてとった措置については、順序を経て所属の公安委員会に報告しなければならないとされる（同条2項前段）。この措置には警告も含まれるが、措置の全てを詳細に公安委員会に報告する必要はなく、その報告は事案の軽重に応じて各級の上司に対して行えばよいと解される。警察官が日常勤務の中で随時行っている定型的な口頭による警告についてまで公安委員会に報告する必要はない。

問24　誤り。
　警職法第4条第1項に基づいて警察官がとった措置については、職務上の指揮系統を経て所属の公安委員会に報告しなければならない（同条2項前段）。この報告は、事案の軽重に応じた合理的な形で行われれば足りる。全ての事案について詳細な報告を求められるものではない。

警職法第5条

犯罪の予防及び制止

1 判例から実務を学ぼう

1　人の身体に危険を及ぼすおそれのあるけんかを制止するため、相手方を投げ倒し、一時的に押さえつけた警察官の行為は適法である。

(東京高判昭 32.3.18)

◇　事案の概要

① 甲と乙が殴り合いのけんかをしているところに警察官が臨場し、けんかを制止しようとした。

② これに対し、甲、乙の両名が警察官に組みついてきたことから、警察官は数回にわたって甲と乙を払い腰で投げた。

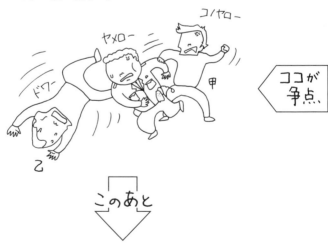

③ 甲、乙の両名は、その後も警察官に対する攻撃を続け、その首を絞めて引き倒した上、殴る、蹴る、咬みつく等の暴行をし、警察官に傷害を負わせた。

判決要旨①

　警察官が、殴り合いのけんかを現認し、犯罪がまさに行われようとしているものと認め、けんか制止の措置に出たことは、警察官として当然の措置である。
　これに対し、けんかの制止であることを承知しながら暴行に出たのは、当然に公務執行妨害の罪を構成する。その際、警察官は、執拗な攻撃に対し、数回にわたって払い腰で投げ倒し、一時的に押さえつけて起き上がれないようにしたが、警察官のこの程度の実力的措置は、けんか制止の手段として適法な行為というべきである。

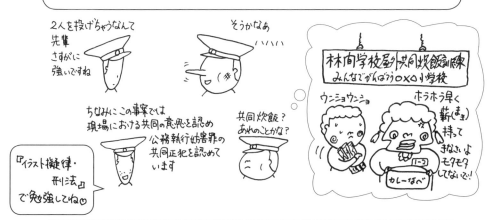

判決要旨②

　甲は、警察官が乙を組み伏せているのをみて、暴言を吐きながら一升びんを取り上げて警察官に殴りかかったのであって、お互いに意思を連絡し、公務員の職務執行に対し、暴行を加えたものであるから、本件が共同正犯としての公務執行妨害の罪を構成することは言うまでもない。

判決要旨③

　警察官は、警察事務に関し、一般的権限を有し、退庁後といえども所属管内において事件が発生した場合は、この権限を行使する職務権限を有するものであるから、本件行為が、警察官が退庁後であったからといって、警察官職務執行法第5条所定の職務執行権限がないということはできない。

他人の身体、財産に危害を与えるおそれのある者の手を引っ張り、交番内に連れ込もうとした警察官の行為は適法な制止行為である。

(大阪高判昭34.9.30)

◇ 事案の概要

① 甲は、午後4時頃、酒に酔ってふらふらしながら食堂に行き、店員Aに対し、「コバ(あるいはコバヤシ)を呼んでくれ」と言い、Aがその意味が分からないままぐずぐずしていると、「なぜ呼んでくれないのか」と大声でどなった。

② Aは恐れを抱き、他の店員に眼で合図をし、約50メートル北方にある交番に警察官を呼びにやり、警察官が食堂に来た。その後、甲はカウンターのところで「どうして警察を呼んだのだ」と大声でわめいていたので、警察官は放っておくと甲がAを殴るかもしれず、また営業の妨害にもなると考え、甲を交番へ任意同行した。

1 判例から実務を学ぼう　173

③　交番に来てから甲は警察官に向かって「お前はなぜ俺だけを連れて来るのだ」などと盛んに食ってかかった。警察官は甲が酒に酔っていて通行人らに乱暴するおそれもあるので保護しようと考え、上司の指示を求めるべく本署に電話をした。

④　その間に甲は交番から出て行き、警察官に悪口を浴びせた上、「お前らは店のおやじを連れて来ないだろうから、俺が行って連れて来てやる」と言い、食堂へ行きそうな様子だった。警察官は、甲が食堂へ行けば、どんなことをするか分からないと思い、甲をなだめて交番内に入らせようとした。
　しかし、甲はなおも食堂の方へ行こうとするので、警察官は甲の行為を制止するべく、その手を押さえるなどして交番内に入れようとした。

⑤　甲は、「何をするのだ」と言って警察官の胸倉をつかみ、警察官の首をつかんで絞めようとした。

174　警職法第5条　犯罪の予防及び制止

この判決は、高等裁判所の判決です。
裁判所は大きくわけると3つです。

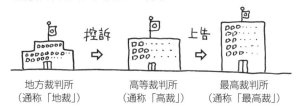

※このほかに、簡易裁判所、家庭裁判所があります。

この事件は、地裁で、

> 警察官が、交番への任意同行を求めた措置は一応妥当なものと考えられるが、再び食堂へ行こうとする被告人を実力で制止して交番内に連れ込もうとした行為は、警察官職務執行法第5条に規定する、
> 　○　関係者の行為により人の生命若しくは身体に危険が及び、又は財産に重大な損害を受ける虞のあること、
> 　○　急速を要すること、
> の二要件を充足しておらず、公務執行妨害罪が成立するいわれはない。よって、公務執行妨害については無罪とする。

という理由で、警察官の職務執行が違法とされ、公務執行妨害罪は、無罪となりました。

しかし、

ちなみに、地裁から高裁に対する再審の請求は控訴、高裁から最高裁に対する再々審の請求は上告です。
　ただし、上告するには制限がありますので、上告理由がない場合には高裁で確定となります。
　この事件も高裁で終結しています。
　さて、どんな判決が下ったでしょうか。さっそく見てみましょう。

判決要旨①

　警察官職務執行法第5条に規定している、「犯罪がまさに行われようとする」というのは、犯罪を行う危険性が時間的に切迫していることをいい、原判決が、例示している「棒を持って人の背後に迫っている場合」に限らず、社会通念上犯罪の危険性が切迫していると考えられる場合であれば足りる。本件の場合、交番から食堂までは約50メートル離れているにすぎず、被告人が「食堂のおやじを連れて来てやる」と言って食堂の方へ行こうとしている以上、犯罪を行う危険性が切迫していると認めるのが相当である。

判決では、警職法5条にいう「犯罪がまさに行われようとするのを認めたとき…」とは、こういう場合だけでなく、こういう場合もあるとしています。そして、

判決要旨②

　警察官は被告人のこういった行為を制止するため、被告人の手を押さえるなどして交番内に入れようとしたのであるが、その行為も決して強いものではなく、被告人は酒に酔っているので「まあ交番に入れ」と言って、半ばなだめるようにして行った行為であるから、警察官がとった制止手段は当時の状況に照らして妥当なものというべきであり、制止のために必要な限度を超えたものということはできない。
　よって、被告人が警察官に暴行を加えたことは、刑法第95条第1項の公務執行妨害罪を構成するといわなければならない。

と結論づけました。いわゆる「逆転有罪」による検察側の勝利となりました。

| 3 | 暴行を加えている男の背後からその手をつかみ、取り押さえようとした警察官の制止行為は、警察法第2条及び警職法第5条の予防制止措置として適法である。

(東京高判昭38.3.19)

◇ 事案の概要

① 母Aの申出により、甲の非行を説諭するために警察官がA宅に来た。警察官の姿を見た甲は、警察官が自分を逮捕しようとしていると思い、その場から屋外へ逃げ出そうとしたところ、甲の前に立ちふさがった母の顔面を数回殴打する暴行を加えた。

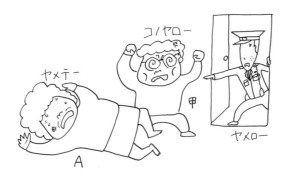

② それを警察官が玄関から目撃し、「おふくろさんに何をするのだ」と言いながら、即座にその場へ踏み込み、甲の背からその手をつかんで取り押さえようとすると、甲は警察官に立ち向かって組み付き激しく格闘するとともに、警察官の拳銃の銃把を握って奪取しようとするなどの暴行を加え、警察官の公務の執行を妨害した。

判決要旨①

甲は、5歳の頃父と死別し、姉と母に育てられ、わがままが強く、生来の意志薄弱もあり、豊かではない家計の中で高校まで卒業しながら、生活態度に真剣味がなく、定職に就こうとせず、漫然と母と姉の収入に依存して無為徒食の日を送り、挙句の果ては姉の定期預金を無断で使い、その非違を母や姉に咎められても反省することなく、姉から通勤定期券等を取り上げて返さないという非行をしたものである。

母は、甲の非行に困り果て、このまま放置すれば他人の財物にも手を出すことになり兼ねないと憂慮し、交番に、甲の非行の説諭を依頼したものである。

判決要旨②

本件の警察官は、甲が母の顔面を殴打している状況（更にそのはずみでその場に転倒した事実）を現認し、これ以上の暴行を防止するため、急いで室内に踏み込み、実力行使に出たものである。当時の情況として、一刻の猶予も許さないほど切迫していたことは、警察官が靴のまま室内に踏み込んだことによってもわかるし、甲に対する実力行使は、甲の母に対する暴行が終了した後に行ったものではないことも明らかである。

よって、警察官の甲に対する実力行使行為は、警察官職務執行法第5条の「犯罪の予防及び制止」にほかならず、実力行使の方法も合理的な必要限度を逸脱していないと認められるから、適法な職務の執行である。

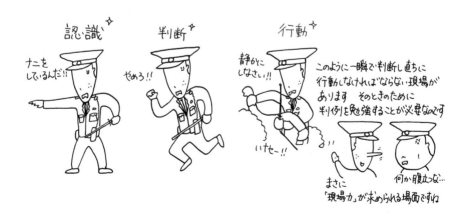

まさに暴行を行おうとする男の前に立ちはだかり、その肩を押さえて帰らせようとした警察官の行為は、警職法第5条の警告として適法である。

(東京高判昭 38.7.30)

◇ 事案の概要

① 警察官は、酒気を帯びて攻撃的態度をとる甲と、それに対し激昂している乙のけんかを現認した。

② ただちに警察官が、甲の前に立ちはだかり、手で甲の肩を押さえて帰宅を促したが、けんかがおさまる気配はなく、甲は、「お巡りなど来たって恐くない」などと言い、再びけんかを始めそうな気勢を示した。

当時、刑法の暴行罪に該当する犯罪行為がまさに行われようとする状況であり、警察官は、このような状況を認めたときはその予防のため必要な警告を発することができるのであるが（警察官職務執行法第5条前段）、この「警告」は、合理的に判断して適宜の方法によるべきであり、必ずしも文書若しくは口頭だけに限定される理由はなく、場合によっては行動によることもできる。

　警察官が、被告人の前に立ちはだかり、手で被告人の肩を押さえて早く帰らせようとしたのは、被告人が再びけんかを始めそうな気勢を示し、まさに犯罪行為が行われようとする状況であったので、それを予防するために行ったと認められ、警察官の状況判断は相当であるばかりでなく、その措置もまた、必要かつ相当な程度を超えない方法であったと認められる。

　よって、警察官の被告人に対する行為は、適法な職務執行に該当することは明白であり、これに対し、被告人が警察官の腕や制服の襟をつかんで押したりした行為が、公務執行妨害罪を構成することもまた明らかである。

2 条文を勉強しよう

第5条〔犯罪の予防及び制止〕

条文をチェック！

警察官は、犯罪①がまさに②行われようとするのを認めたとき③は、その予防のため関係者に必要な警告④を発し、又、もしその行為により人の生命若しくは身体に危険が及び、又は財産に重大な損害を受ける虞があつて、急を要する場合においては、その行為を制止⑤することができる。

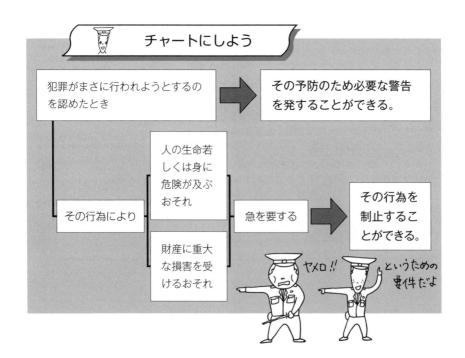

用語の定義

① 「犯罪」

　構成要件に該当する違法な行為のこと。

　有責性は必要ではない。客観的に罰則が適用される行為であればよく、
- 心神喪失の者かどうか
- 14歳未満の者かどうか
- 故意や過失があるかどうか

を問わない。

　法令行為、正当業務行為、正当防衛又は緊急避難による行為は、対象とはならない。

② 「まさに」

　犯罪の実行可能性が相当に迫っていることが、客観的に明らかな場合のこと。

③ 「行われようとするのを認めたとき」

　暴行行為を制止しようとしたところ、本人は殺人を犯そうとしていた場合などのように、警察官の認定は、客観的事実と完全に一致する必要はない。

④ 「警告」

　加害者、被害者、その他関係者に注意、説諭、指示等をする任意手段のこと。

　警察官の意思の通知という事実行為であって、行政行為としての命令行為ではないから、これに従う法的義務は生じない。

　関係者は、警察官の警告行為を受忍する義務がある。

⑤ 「制止」

　目前急迫の障害を除くために、義務を命ずるいとまのない場合に行われる典型的な即時強制である。

　警告は任意であり、強制的に行うことはできないが、
- もしその行為により人の生命若しくは身体に危険が及び
- 財産に重大な損害を受けるおそれがあって
- 急を要する場合において

という要件があれば、その行為を強制的に制止することができる。

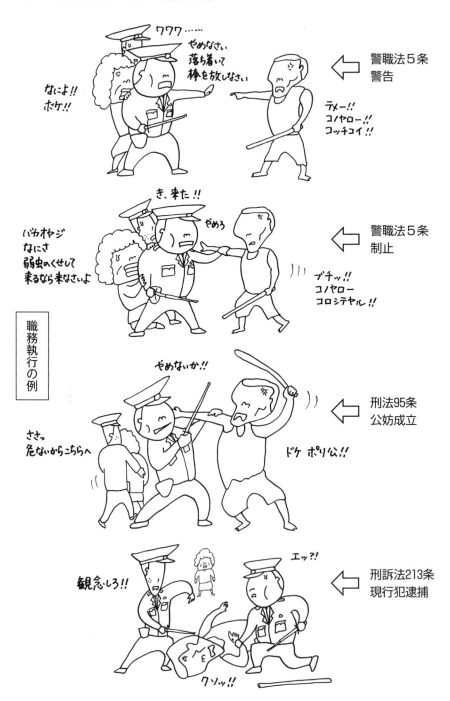

Point

犯罪の予防及び制止のまとめ

	警職法5条		刑訴法
	警　告	制　　止	逮　捕
状　　況	犯罪がまさに行われようとするとき	左の行為によって人の生命・身体への危険が及び、又は財産に重大な損害を受けるおそれがあって、急を要するとき	現行犯逮捕 緊急逮捕
相手方の法的義務	無	有	有

184 警職法第5条 犯罪の予防及び制止

3 SAに挑戦しよう

次の各設問につき、正誤を判断せよ。

問1 警職法第5条の警告は、相手方にこれに従う法的義務を課するものではなく、従わないことそれ自体を理由とした刑罰等の制裁はない。

問2 警職法第5条に基づく警告の対象となる「関係者」には、犯罪を行おうとしている者やその犯罪の被害を受けるおそれのある者のほか、偶然その場に居合わせた者も含まれる。

問3 警職法第5条に基づく警告を受けた者は、受忍の義務だけではなく、これに従うべき法的義務が課せられる。

問4 犯罪行為によって財産に損害が生ずるおそれがあり、急を要する場合であっても、予想される損害が極めて軽微な場合には、警職法第5条に基づく制止行為は許されない。

問5 制止は、犯罪となろうとする行為を実力で阻止する事実行為であって、目前急迫の障害を除く必要上、義務を命ずるいとまのない場合に、相手方の意思に反しても行い得る即時強制である。

問6 犯罪の実行行為に着手する直前の状態ではない場合であっても、その時点で制止しなければ、犯罪の発生を阻止することができない状況にあるときは、制止の要件である急を要する場合に当たる。

問7 警職法第5条の警告の方法には、口頭、拡声器の使用、文書の伝達などがあるが、緊急の場合であっても、拳銃を擬したり、威嚇射撃を行うなどの武器の使用は認められない。

問8 警職法第5条の警告は、犯罪が既に行われている場合であっても、当該犯罪が継続し、さらに発展するおそれのあるときには、これを発することができる。

問9 警職法第5条の制止は、現場における犯罪を防止するための即時強制手段

であるから、制止の要件である急を要する場合ではなくなったときには、制止を継続することはできない。

問10　警職法第5条の制止の対象者は、罪を犯そうとしている者に限られず、まさに行われようとする犯罪によって被害を受ける可能性がある者も含む。

問11　警職法第5条の制止は、犯罪がまさに行われようとする場合において、その行為を放置すれば、人の生命、身体に危険が及び、又は財産に重大な損害を受けるおそれがあるときであって、かつ、急を要するときに限って行うことができる。この場合、同条に基づいて、被害を受けようとしている者を突き飛ばしたり、実力を加えて外へ連れ出して危害から回避させることはできない。

問12　警告は、相手方に一定の作為・不作為を求めるものであるが、相手方にそれに応じるべき法的義務を課すものではないから、講学上の行政指導に当たる。

問13　制止は、「犯罪がまさに行われようとするのを認めたとき」という犯罪の前段階における行政行為であり、犯罪が行われるに至ったときは、現行犯逮捕の対象となることから、もはや制止を行うことはできない。

問14　警告は、あらゆる犯罪について行い得る一方、制止は、警告等によっては犯罪による危害の発生を防止できない程度にまで事態が切迫した場合に限り行い得るものであるから、あらゆる犯罪について行い得るわけではない。

問15　警告の対象となる「犯罪」は、刑法理論上の犯罪と同様に、「人の生命若しくは身体に危険が及び、又は財産に重大な損害を受けるおそれ」のある犯罪構成要件に該当する違法かつ有責の行為である。したがって、有責性を欠く行為については、構成要件該当性と違法性があっても、警告の措置をとることはできない。

問16　警職法第5条に基づく「警告」は、犯罪がまさに行われようとしている場合には全ての犯罪行為について行うことができるが、同条に基づく制止は、直接人の生命、身体に対する危険又は財産に対する重大な損害が及ぶ犯罪の場合に限って行うことができる。

問17　制止は、警告と異なり強制手段行為であるので、警察官は、急を要するときでなければ制止を行うことができない。また、既に犯罪が発生した後でも、それが継続している以上、実行者を制止できる。

問18　身体犯による被害を受けかねない者に対し、無用の挑発を行って相手の犯

186 警職法第5条 犯罪の予防及び制止

行を暴発させてはならない旨を告げ、軽率な言動を厳しく戒める行為も、警職法第5条所定の警告として許される。

問19 警職法第5条の犯罪の制止は、犯罪行為を行おうとする者ばかりではなく、その犯罪により被害を受けるおそれのある者に対しても、同条に基づく制止を行うことができる。

問20 犯罪行為によって財産に損害が生ずるおそれがあって、急を要する場合は、予想される損害の軽重にかかわらず、警職法第5条に基づく制止行為が許される。

問21 警告の方法としては、口頭によるのが一般的であるが、行動によっても行うことができる。例えば、暴行が行われようとしているとき、警察官がその前に立ちはだかることによっても行うことができる。

問22 警告や制止の対象となる犯罪行為は、犯罪構成要件に該当する違法な行為でなければならないが、有責性までは必要とされない。

問23 警告の方法は、口頭のほか、文書の掲示、警笛・サイレンの吹鳴、身振り・手振り等の動作のほか、必要最小限の実力の行使を伴う行動による警告も認められる。

問24 「犯罪がまさに行われようとする」か否かを判断する主体は警察官であるが、この警察官の判断は、客観的に合理性が認められるものでなければならず、主観的又は恣意的であってはならない。

問25 警職法第5条にいう「警告」とは、犯罪行為が実行される前の段階においてのみ行うことができるのであるから、犯罪行為が終了してしまった後は、どのような場合でも警告することはできない。

問26 警職法第5条にいう「犯罪」とは、犯罪構成要件に該当する違法かつ有責な行為のことであるから、刑事責任無能力者の行為や心神喪失者の行為はこれに含まれない。

問27 警職法第5条により、凶器を所持している者から、警察官が強制的に当該凶器を取り上げた場合は、これを継続的に占有することができることは当然である。

問28 警職法第5条にいう「警告」は、第4条「避難等の措置」の警告とは異なり、警告を受けた者はそれに従う法的義務を負うと解されている。

正解・解説

問1　正しい。

　本条の警告とは、犯罪の発生を予防するため、犯罪を行おうとしている者、被害を受けるおそれのある者その他の関係者に対し、行為の中止、危害の回避等を求める任意活動である。

問2　正しい。

　「関係者」とは、犯罪が行われようとしている事態に直接又は間接に関係を有する者を広く指す。

問3　誤り。

　警職法第5条による警告は、加害者、被害者になるであろうと認められる者その他関係者に注意、勧告、指示をするという事実行為であり、下命ではないから、相手方にこれに従う法的義務を課するものではない。

問4　正しい。

　制止は、犯罪がまさに行われようとする場合において、その行為を放置すれば、人の生命、身体に危害が及び、又は財産に重大な損害を与えるおそれがあり、急を要するときに限って行うことができる。財産については、軽微な損害にとどまると判断されるときは、制止の措置をとることは許されない。

問5　正しい。

　設問のとおり。なお、制止の手段としては、抱きとめること、一時的に押さえ付けること、他の場所に連れ出すこと、凶器を取り上げることなどがある。

問6　正しい。

　警職法第5条の「犯罪がまさに行われようとする」とは、犯罪の行われる危険性が時間的に切迫していることをいう。通常は、犯罪の実行行為に着手する直前の状態にあることをいうが、必ずしも着手直前であることを要するものではなく、社会通念上犯罪発生の危険性が差し迫っていると考えられる場合であれば足りると解され、例えば、その時点で制止しなければ、その行為を阻止し得ない状況にある場合も、同条にいう「急を要する場合」に当たる。

188　警職法第5条　犯罪の予防及び制止

問7　正しい。

　警告は、犯罪の発生を予防する目的で、警察官が関係者に、一定の行為を行い又は行わないよう求める注意や指導であり、その方法は、口頭、拡声器の使用、文書の使用などがある。拳銃を擬したり威嚇射撃をすることは、相手方の意思を制圧するものであるから、警告として行うことは認められない。

問8　正しい。

　「警告」は、犯罪がまさに行われようとするのを認めたときに発することができる。ただし、犯罪が発生した後であっても、既に犯罪が完了してしまい、もはや犯罪を防止することができない場合は別として、犯行の途中にあって、犯罪がさらに発展するおそれがある場合には、犯行及び被害の拡大を防止するため、警職法第5条に基づいて警告を発することができる。

問9　正しい。

　制止は、「急を要する場合において」、すなわち、事態が切迫し、そのとき制止しなければ犯罪行為が行われてしまうと思われる状態になければ行うことができない。この制止は、即時強制手段として認められたものであるから、急を要する場合ではなくなり、制止の要件に該当しなくなったときには、これを行うことはできない。

問10　誤り。

　「制止」は、犯罪がまさに行われようとする場合に、犯罪が行われることを未然に防止するためのものであるから、制止の対象となる者は、犯罪を行おうとしている者に限られる。犯罪によって被害を受ける可能性がある者は、制止の対象とはならない。

問11　正しい。

　警職法第5条の制止とは、犯罪となろうとする行為を実力で阻止する行為であるから、制止の対象者は犯罪を行おうとしている者に限定される。危害を受ける危険のある者を突き飛ばしたり、実力を加えて外に連れ出して危険を回避させる行為は、同法第4条の避難等の措置又は第3条の黙示の承諾の下に行う保護の措置に当たる。

問12　正しい。

　行政指導である警告は、あくまで任意活動であり、注意や説得の範囲を超えて実質的な強制にわたってはならない。したがって、警告に際し、警棒を

構えることは許されるが、拳銃を構えることは、実質的な強制にわたるものであり、許されない。

問13　誤り。

　確かに犯罪が行われるに至ったときは、警職法第5条の要件を満たさないこととなるが、即座に現行犯逮捕することが可能な状況において、それよりも実力行使の程度が低い制止行為を行えないというのは不合理であることから、犯罪が行われるに至ったときであっても、制止行為を行うことは可能と解されている（いわゆる現行犯鎮圧の法理）。

問14　正しい。

　制止は、犯罪行為を実力で阻止する即時強制であるから、警職法第5条の条文上も、「その行為により人の生命若しくは身体に危険が及び、又は財産に重大な損害を受ける虞がある」こと、「急を要する場合」という要件が付されている。したがって、典型的には、殺人、強盗、放火、不同意性交等といった罪種について行うことができ、文書偽造や横領といった罪種については、通常行うことができない。

問15　誤り。

　心神喪失者や刑事未成年者の行為等の有責性を欠く行為についても、構成要件該当性と違法性があれば、警職法第5条の警告や制止の措置をとることができる。有責性を必要としないのは、同条の目的が、行為者の刑事責任の追及ではなく、犯罪行為を防止して個人の生命等を保護し、公共の安全と秩序を維持する点にあるためである。

問16　正しい。

　制止は相手方に直接実力を行使する即時強制であり、警職法第5条前段の任意手段である警告の場合と異なり、直接人の生命、身体に対する危険が及び、又は財産に重大な損害を受けるおそれがある犯罪の場合に限り行い得るものとされている。

問17　正しい。

　制止は、「急を要する場合」、すなわち、警告を行える場合よりも犯罪の発生に密着した事態が更に一段と増して現れ、もはや警告では犯罪の未然防止に間に合わず、今直ちに抑止しなければ当該犯罪が必然的に発生してしまうと認められる場合に発動すべき強制手段である。また、制止の対象犯罪が既に発生してしまった場合でも、それがいまだ完了せず、現に継続しているな

190 　警職法第5条　犯罪の予防及び制止

らば、当該犯罪の拡大を防止するため、制止を行うことができる。

問18　正しい。

　警職法第5条所定の警告の対象者は、通常、加害者の立場に立とうとする犯罪企図者であるが、被害者の立場に立つおそれがある者も、警告の対象に当たる。また、行われようとする犯罪と直接・間接に関連する者は、全て同条所定の「関係者」に当たる。

問19　誤り。

　警職法第5条にいう「制止」とは、犯罪行為を行おうとするのを実力で阻止する行為を意味する。したがって、その対象は犯罪行為を行おうとする者に限られる。

問20　誤り。

　制止は、犯罪がまさに行われようとする場合において、その行為を放置すれば、人の生命、身体に危害が及び、又は財産に重大な損害を受けるおそれがあり、急を要するときに限って行うことができる。財産については、軽微な損害にとどまると判断されるときは、制止の措置をとることは許されない。これは、相手方に実力を加えて制止するだけの必要性が社会通念上認められないような軽微な損害の場合を除く趣旨である。

問21　正しい。

　警告の方法としては、口頭によりその意思を伝えるのが一般的であるが、状況に応じ、文書を掲示し、警告やサイレンを吹鳴し、手振り、身振り等の動作を示す、ロープを張る等の適宜の方法によることができる。設問のように暴行しようとしている者の前に立ちはだかることも、暴行をやめさせることを促す警告となる。

問22　正しい。

　警職法第5条にいう犯罪は、犯罪構成要件に該当する違法な行為をいい、有責性までは必要とされない。同条が、犯人を処罰するという刑事目的のためのものではなくて、犯罪の発生を予防して公共の秩序を維持するという警察目的のためのものであるからである。犯罪構成要件を充足する違法な行為であれば、心神喪失者若しくは刑事未成年者の行為であるかどうか、又は故意や過失があるかどうかを問わず、警告又は制止の措置をとることができる。

問23　正しい。

　警告の方法は、口頭によることが一般的であるが、状況に応じ、文書を掲示し、警笛やサイレンを吹鳴し、身振り・手振り等の動作を示す、ロープを張る等の適宜の方法によることができる。強制にわたらない範囲内で、前に立ちはだかる、警察部隊により阻止隊形を組む等の説得のための必要最小限度の実力行使を伴う行動による警告も認められる。

問24　正しい。

　判断は、警察官が現場で認めた事実に基づいて行われることが多いと考えられるが、警察官の職業的な専門的知識や経験、通報等により事前に得ていた情報等を判断材料とすることも当然認められる。

問25　誤り。

　犯罪が既遂に達し、しかもその犯罪行為が完了してしまった場合には、通常は予防手段としての警告を発する余地はないが、法益侵害が更に継続、発展しようとしている場合においては、継続し、発展しようとしている部分について警告の措置をとることができる。

問26　誤り。

　警職法第5条にいう犯罪には、有責性は必要とされない。それは、同条が犯人を処罰することを目的とするものではなく、犯罪の発生を予防して社会公共の秩序を維持するという目的のためのものであるからである。犯罪構成要件に該当する違法な行為であれば、14歳未満の者であるかどうか、心神喪失者であるかどうか、故意、過失があるかどうかを問わず、警告又は制止の措置をとることができる。

問27　誤り。

　相手が刀、包丁その他危険な物件を使用しようとしているときに、それを強制的に取り上げることは、制止の一方法として可能である。しかし、制止は、仮領置ではないから、当該物件を継続的に警察官の占有に移すことはできない。また、制止は予防のための手段であって、犯人を逮捕する行為ではない。その場における予防措置として、一時的に場所的な隔離、移動を行うことも制止の一方法として可能であるが、安全な場所で継続的に身柄を拘束することは、制止の範囲を超えたものであって許されない。必要があれば、逮捕として行うべきものである。

問28　誤り。

　警職法第5条による警告は、加害者、被害者になるであろうと認められる者その他の関係者に注意、勧告、指示をすることであり、第4条による警告

192　警職法第5条　犯罪の予防及び制止

と同様、警察官の意思の通知という事実行為であって、相手方に法的義務を
課する行政行為たる命令ではない。

正解・解説

警職法第6条

立　　入

1 条文を勉強しよう

1　第6条第1項〔危険時の立入〕

条文をチェック！

　警察官は、前2条に規定する危険な事態が発生し[①]、人の生命、身体又は財産に対し危害が切迫した場合において[②]、その危害を予防し、損害の拡大を防ぎ、又は被害者を救助するため[③]、已むを得ないと認めるとき[④]は、合理的に必要と判断される限度において他人の土地、建物又は船車[⑤]の中に立ち入る[⑥]ことができる。

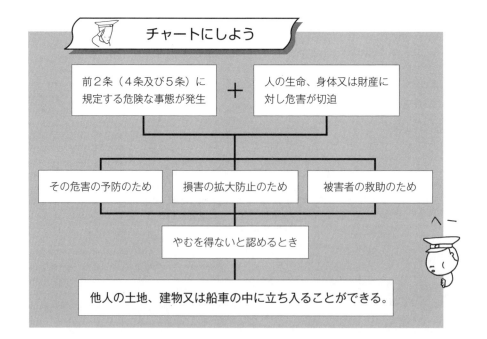

用語の定義

① 「前2条に規定する危険な事態が発生し」
- 第4条「人の生命若しくは身体に危険を及ぼし、又は財産に重大な損害を及ぼす虞のある天災、事変、工作物の損壊、交通事故、危険物の爆発、狂犬、奔馬の類等の出現、極端な雑踏等危険な事態がある場合」
- 第5条「犯罪がまさに行われようとするのを認めたとき」

の2つの事態のこと。

　本条第1項による立入を行う要件は、第4条と第5条に限定される。

　よって、第3条による保護を行うために、本項による立入を行うことはできない。

② 「人の生命、身体又は財産に対し危害が切迫した場合において」

　第4条の場合は「人の生命、身体又は財産に対し危害が切迫した場合において」という条文により、本条の要件が充足されるが、第5条の場合は、行政法規違反、軽犯罪法あるいは名誉毀損や文書偽造などの罪の場合など、必ずしも「人の生命、身体又は財産に対し危害が切迫」するともいえない。

　したがって、第5条については、「人の生命、身体又は財産に対し危害が切迫した場合において」という要件がない場合には、犯罪が発生したからといって直ちに本条を根拠として住居等に立ち入ることはできない。

　ただし、これらの犯罪を犯した被疑者の現行犯逮捕のために住居等に入ることはできる。

第4条、第5条に基づく立入の要件のまとめ

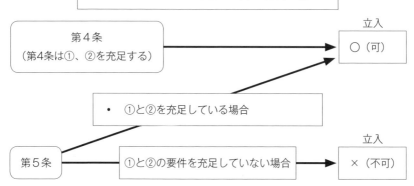

③「その危害を予防し、損害の拡大を防ぎ、又は被害者を救助するため」

立入の目的は、

- 危害の予防
- 損害の拡大防止
- 被害者の救助

に限定される。犯罪の捜査、行政犯の取締り等の目的で立ち入ることは許されない。

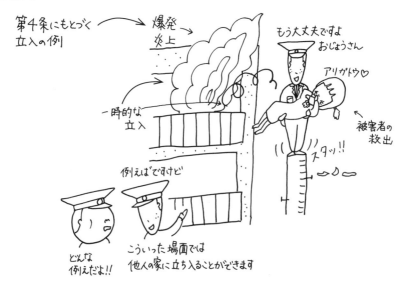

④「已むを得ないと認めるとき」

- 危害の予防
- 損害の拡大防止
- 被害者の救助

のために、その場所に立ち入る以外の方法がない場合のこと。

　立ち入らなくても、建物の外から注意、警告することによって目的が達成できる場合には、屋内に立ち入ることは許されない。

⑤「他人の土地、建物又は船車」

　警察官が立ち入ることができる場所のこと。

⑥「立ち入る」

　本条第1項によって立ち入る行為は、即時強制であるから、相手方の意思に反して立ち入ることができる。

　相手方が積極的に警察官に救助を求める場合は任意の警察活動であり、本条の規定に基づくものではない。

　本条第1項に基づく立入を拒んだ場合であっても、罰則の規定はない。

　罰則がない代わりに、即時強制として相手方の意思に反した場合であっても、強制的に立ち入ることができる。

Point

◇　**本条第1項による立入権に含まれる権利**

- 停車権
- 停船権
- 通行権
  - ○　通行権は、危険な事態が発生した場所まで行くために、必要な限度において、他の家屋や敷地内を通行することができる権利である。

2　第6条第2項〔公開の場所への立入〕

条文をチェック！

興行場、旅館、料理屋、駅その他多数の客の来集する場所①の管理者又はこれに準ずる者②は、その公開時間中③において、警察官が犯罪の予防又は人の生命、身体若しくは財産に対する危害予防のため④、その場所に立ち入ることを要求⑤した場合においては、正当な理由なくして、これを拒むことができない⑥。

用語の定義

① 「興行場、旅館、料理屋、駅その他多数の客の来集する場所」
　多数の客が集まる場所の例示である。

② 「これに準ずる者」
　その場所の管理を委任されている者のこと。
　委任がなくても、現実にその場所を管理している者のこと。
　㊀　店長が不在の場合の従業員、施設等の責任者がいない場合の使用人など。

③ 「公開時間中」
　現実にその場所を使用している時間という意味。
　風俗店等においては、現実に営業されていれば、たとえそれが法律や規則によって定められた時間ではない違法な営業時間であっても、本条にいう「公開時間中」に当たる。

④ 「犯罪の予防又は人の生命、身体若しくは財産に対する危害予防のため」

　本条項による立入は、

- 犯罪の予防
- 人の生命、身体若しくは財産に対する危害予防

を目的とする場合に限られる。

⑤ 「立ち入ることを要求」

　本条第2項に定められている権限は、立入をする権限ではなく、立入を要求する権限である。

- 本条第1項→即時強制による強制的立入行為
- 本条第2項→相手方の同意に基づく任意の行為

　本条第2項は、犯罪の予防等という抽象的な危険の排除を目的とするものであり、切迫した危険を排除するために行うものではないから、立入要求権を定めるにとどめたものである。

⑥ 「正当の理由なくして、これを拒むことができない」

　拒んではならないという義務を課しているものであるが、正当な理由があれば、管理者は警察官の要求を拒否できる。

> **Point**
>
> ◇　**考えられる正当な理由**
> 　「その場所が公開中ではない」と主張できる場合に限定される。
> 　客観的にその場所が公開中であり、不特定多数の者が自由に立ち入っている状況であるにもかかわらず、警察官の立入を拒むことはできないと解される。

　警察官の立入要求に対し、管理者が正当な理由なく立入を拒否した場合、本条第2項に定める義務違反となるが、罰則はない。この場合、強制的に立ち入ることができるとする説もあるが、本条第2項は、強制的に立ち入るまでの権限を警察官に与えていない、とする説が有力である。

200 　警職法第6条　立入

条文をチェック！

〈第6条第3項〉

　警察官は、前2項の規定による立入に際しては、みだりに関係者の正当な業務を妨害してはならない。

〈第6条第4項〉

　警察官は、第1項又は第2項の規定による立入に際して、その場所の管理者又はこれに準ずる者から要求された場合には、その理由を告げ、且つ、その身分を示す証票を呈示しなければならない。

2　SAに挑戦しよう

次の各設問につき、正誤を判断せよ。

問1　警職法第6条第1項による立入は、泥酔者や負傷者の救護のためという理由だけでは行うことはできない。

問2　警職法第6条第1項の「土地、建物又は船車」は、他人の管理する場所を例示したものであって、それを限定する趣旨ではない。「船車」には、あらゆる船舶や車両のほか、航空機も含まれる。

問3　警職法第6条第1項による立入は、管理者の意思に反して行うことができるが、管理者から要求があった場合には、立入の理由を告げ、かつ、その身分を示す証票を提示しなければならない。

問4　警職法第6条第2項にいう「公開時間中」とは、その場所を一般の利用に供している時間中のことをいうが、法令によって営業時間が規制されている場合には、定められた営業時間の間に立ち入ることができる。

問5　警職法第6条第2項に基づき立入を要求された公開の場所の管理者は、正当な理由がある場合を除き、これを拒否することはできない。

問6　警職法第6条第1項の立入における「危害が切迫した」とは、具体的に実力的措置を講じなければ、人の生命等に対し危害が発生し拡大するおそれのある状況になることをいう。

問7　警職法第6条第1項による立入は、現実の障害を除く必要が切迫しているときに行うことができる即時強制であり、相手方が立入を拒んだ場合でも、これを排除して立ち入ることができる。

問8　警職法第6条第1項による立入は、人の生命、身体又は財産に対し危害が切迫した場合に行うことが認められるので、文書偽造や名誉毀損の罪について、これらの犯罪の予防のために立ち入ることはできない。

問9　警職法第6条第1項に基づく立入の目的は、危害の予防、損害の拡大の防

202　警職法第6条　立入

止、被害者の救助に限られ、犯罪捜査を目的とした立入については認められていない。

問10　警職法第6条第2項による立入の要求に対し、公開場所の管理者等は、正当な理由なくこれを拒否することはできないが、ここにいう「正当な理由」とは、犯罪が発生する具体的危険が生じていない場合をいう。

問11　警職法第6条により、公開場所に立ち入った場合、危害の予防等の目的を達成するために必要であり、かつ、法令上の要件が満たされていれば、警察官としての全ての権限を行使することができる。

問12　警職法第6条第1項の危険時の立入は、居住者・管理者の意思に反して強制的に行うことができるものであるが、居住者・管理者に立入の理由を聞かれた場合には、その理由を告知しなければならない。

問13　警職法第6条第2項に基づく公開場所への立入については、当該場所の管理者は、犯罪又は危害発生の蓋然性がないことを理由に警察官の立入を拒否することができる。

問14　警職法第6条第2項の公開時間とは、いわゆる営業時間を意味しており、風俗営業のように法令で営業時間が定められている場所・施設に関しては、現実に客が出入りしている場合であっても、営業時間後には立入要求をすることができない。

問15　警職法第6条に基づき、警察官が、犯罪の予防のため、終電後の閉鎖された駅構内に立ち入る場合、駅の管理者は正当な理由なくこれを拒むことはできない。

問16　警察官は、警職法第6条第2項の要件を満たせば、興行場、料理屋、駅等に立ち入ることができ、これらの場所の管理者が立入の必要がないと判断したとしても、原則として管理者がこれを拒否することはできない。

問17　酒に酔つて公衆に迷惑をかける行為の防止等に関する法律第6条に基づく立入は、諸般の状況から判断して必要があると認めるときにできるとされており、警職法第6条に基づく立入に比べて要件が緩和されている。

問18　警職法第6条第1項の立入については、特別の時間的制限がないから、立

入の必要がある限り、深夜や早朝などの時間帯にも立ち入ることができる。

問19 危険な事態が発生している場所に立ち入るため他の場所を通行する必要がある場合、警職法第6条第1項の立入権限に伴うものとして、当該他の場所（全く関係のない第三者の土地等）を強制的に通行することはできない。

問20 警職法第6条第1項に基づき、走行中の自動車に対する立入を実施するため、立入に必要な手段として、当該自動車を強制的に停止させることができる。

問21 警職法第6条第1項による立入は、第4条（避難等の措置）及び第5条（犯罪の予防及び制止）に規定する危険な状態が発生し、生命等に対する危害が切迫した場合はもとより、第3条に規定する応急の救護を要する急病人を発見した場合にも行うことができる。

問22 警職法第6条第2項に基づいて行われる警察官の立入要求に対しては、管理者等は正当な理由がなければこれを拒否することはできないが、ここにいう正当な理由とは、場所又は時間に公開性がないことである。

問23 警察官は、ホテルの管理者から、「不審な客がいるので、客室内を調べてくれ。」との要請を受けた場合、客室内の客から立入を拒まれた場合でも、警職法第6条に基づき、客室内に立ち入ることができる。

問24 警職法第6条第1項の立入は、立ち入る際に要件が満たされていればよく、立ち入った後、要件がないと判断された場合でも、その立入は適法である。

問25 警職法第6条第3項は、立入に際し、みだりに関係者の正当な業務を妨害してはならないとしているが、この「関係者」は、立入先の管理者に限られ、来客等は含まれない。

204 警職法第6条 立入

正解・解説

問1 正しい。

　警職法第6条第1項による立入は、同法第4条及び第5条に規定する危険な事態が発生し、人の生命、身体又は財産に対し、危害が切迫した場合にのみ認められるから、同法第3条に規定する応急の救護を要する者を発見したという理由では、これを行うことはできない。ただ、泥酔者が他人の生命、身体等に危害を加えようとしているときは、同法第5条に規定する危険な事態であるから、同法第6条第1項による強制立入ができる。

問2 正しい。

　他人の管理する場所の全てが警職法第6条第1項による立入の対象となる。

問3 正しい。

　警職法第6条第1項による立入は、管理者の意思に反してでも行い得る強制立入権であるが、同条第2項による立入の場合と同じく、管理者等の要求があれば、立入の理由を告げ、かつ、その身分を示す証票を提示しなければならない。

問4 誤り。

　法律、命令、条例等で営業時間が制限されている場合には、その制限された時間中の意味ではなく、現実に公開されている時間中をいう。法令により制限された営業時間を超えて営業している場合でも、現実に営業している間は公開時間中である。

問5 正しい。

　警職法第6条第2項による警察官の立入要求に対し、管理者等は正当な理由のない限りこれを拒むことはできない。管理者等が立入要求を拒む正当な理由として主張できるのは、場所又は時間に公開性がないこと（例えば、特定の者だけの集会であること、営業時間を終えて現に営業していないこと）のみであり、犯罪又は危害発生の危険性がないことを述べても、それは正当な理由にはならない。

問6 正しい。

　警職法第4条第1項後段に基づき避難等の措置を執ることができる場合、

警職法第5条後段に基づき制止を行うことのできる場合がこれに当たるとされている。

問7　正しい。
　危険時の立入（警職法6条1項）は、警職法第4条（避難等の措置）、第5条（犯罪の予防及び制止）に規定する危険な事態が発生した場合に、居住者等の意思に反して行うことができる即時強制である。したがって、相手方が立入を拒んだ場合であっても、これを排除して強制的に立ち入ることができる。

問8　正しい。
　危険時の立入（警職法6条1項）は、人の生命、身体又は財産に対し危害が切迫した場合に行うことができる。したがって、文書偽造罪により文書に対する信用が侵害される場合や、名誉毀損罪により名誉が侵害される場合には、立入を行うことはできない。

問9　正しい。
　警職法第6条第1項の立入は、「危害の予防」「損害の拡大の防止」「被害者の救助」のうち、いずれかの目的を達成するために認められ、他の行政目的や犯罪捜査のために行うことはできない。

問10　誤り。
　公開場所への立入（警職法6条2項）を要求された管理者等は、正当な理由なくしてこれを拒むことができないが、この「正当な理由」とは、現に多数の客に公開していない場合を意味する。公開場所への立入には、犯罪発生の具体的危険の存在は要件とされていないので、犯罪発生の具体的危険が生じていないことを「正当な理由」とすることはできない。

問11　正しい。
　警職法第6条第2項による立入は、その目的及び場所から考えて、犯罪の予防又は人の生命、身体若しくは財産に対する危害の予防のために、警職法をはじめとする各種の法令によって与えられた権限を行使し、その責務を達成するのに必要な警察活動を行い得る。立ち入った結果、犯罪を認知した場合には、必要な捜査等を行うことができる。

問12　正しい。
　危険時の立入（警職法6条1項）は、即時強制として認められたものであ

206 警職法第6条 立入

り、居住者等の意思に反して強制的にこれを行うことができる。しかし、警察官は、この立入に際して、立ち入った場所の管理者等から要求された場合には、その理由を告げなければならない（同法6条4項）。

問13 誤り。

公開場所の管理者は、危害発生の蓋然性がないことを主張して「正当の理由」とすることはできない。しかし、当該場所及び時間について公開性がないことを主張し、これらの理由に客観性が認められれば、「正当な理由」となる。

問14 誤り。

立入要求ができるのは、公開時間中に限られるが、公開時間とは、現実にその場所を不特定多数の者の使用に供している時間をいう。したがって、法令による制限に違反している場合でも、現実に公開されていれば、公開時間に当たる。

問15 誤り。

終電が出発して閉鎖された駅の構内は、公開の時間中の場所とはならないものと解される。

問16 正しい。

警職法第6条第2項の要件とは、①公開時間中であること、②犯罪の予防又は人の生命、身体若しくは財産に対する危害予防のための目的であること、③相手方に立入を拒む正当な理由がないことである。場所の管理者に立入を認める義務を負わせるもので、単に管理者が犯罪の予防等の必要はない等と考えたとしても、立入を拒むことはできない。

問17 誤り。

酒に酔つて公衆に迷惑をかける行為の防止等に関する法律（以下「酩酊者規制法」という。）第6条は、「警察官は、酩酊者がその者の住居内で同居の親族等に暴行をしようとする場合において、諸般の状況から判断して必要があると認めるときは、警察官職務執行法第6条第1項の規定に基づき、当該住居内に立ち入ることができる」旨規定しており、一見すると「やむを得ないと認めるとき」に立入を認めている警職法の規定よりも要件が緩やかなようであるが、酩酊者規制法第6条は確認的に規定されているにすぎず、警職法第6条の要件を緩和する趣旨ではない。

2 ＳＡに挑戦しよう　　*207*

問18　正しい。

警職法第６条第２項の立入と異なり「公開時間」という制限がない。

問19　誤り。

他人の所有地等を通行することについては、直接の文言が規定されていないが、警職法第６条第１項に基づく付随的強制権限として条理上当然通行することができる。

問20　正しい。

警職法第６条第１項に基づく立入権は、当該船車に対する停車・停船権を含むものと解されている。急迫の場合に、船車に対する立入権を認める前提として、停車・停船権が認められなければ、結局は立入自体行い得ず、同項の趣旨に反するからである。

問21　誤り。

警職法第６条第１項による立入を行う要件は、第４条と第５条に限定されることから、第３条による保護を行うために同項による立入を行うことはできない。

問22　正しい。

公開の場所の管理者等は、警職法第６条第２項による警察官の立入要求に対して、正当な理由があればこれを拒否することができる。しかし、同項による立入中の公開の場所には公共性があり、犯罪又は危険発生の蓋然性は常に存在するのであるから、管理者等は、その発生の具体性、蓋然性がないことを主張して、正当の理由とすることはできない。また、何人に対しても立入を認めている公開の場所について、警察官にのみ立入を拒むことは正当ではない。管理者等が正当の理由として主張し得る事由は、例えば、特定の者だけで行う集会であること、営業時間が過ぎており、現在は営業していないことなど、その場所又は時間において公開性がないことである。

問23　正しい。

ホテルや旅館の客室内への立入については、客室に滞在する者のプライバシーが守られなければならないのは当然であるが、ホテル等の管理者には、当該施設の平穏な利用状態を維持する管理権がある。よって、管理者が客室内で犯罪行為など客室の管理に支障を及ぼすような行為が現に行われている疑いがあると判断した場合などには、客の意思に反してでも、管理権に基づき客室に立ち入ることができ、また、警察官に通報してその立入を許して、

犯罪の嫌疑等の解明を職務質問に委ねることができる。この場合、要請を受けた警察官は、宿泊客から退去を求められた場合でも、職務質問に必要な時間その場にとどまって事情を聴取するなどの職権を行使することができる（福岡高判平4.1.20）。

問24　正しい。

警職法第6条第1項の要件があると判断し、立ち入って被害者を救出しようとしたものの、時機を逸し手遅れだった場合のように、立入の目的を果たすことができない結果に終わったとしても、その立入が適法性を欠くことにはならない。

問25　誤り。

警職法第6条第3項にいう「関係者」とは、警察官の立入により直接又は間接に不利益を受ける全ての者をいう。その場所の管理者、従業員等に限らず、来客等も含まれる。

警職法第7条

武器の使用

210　警職法第7条　武器の使用

1 判例から実務を学ぼう

◇1　警察官の拳銃発射による傷害行為を正当防衛と認め、これについての準起訴請求を棄却した事例

（大阪地決昭 36.5.1）

◇　事案の概要

① 警察官が、交通事故（事故者甲）を処理するため、甲に対して、交番に同行を求めた。

② 交番内において、甲と共に来所した乙と丙が、行く必要がないなどと言いながらいきなり因縁をつけ、やにわに警察官に組みつき、警察官から警棒を奪い、乙と丙が警察官の顔面等を警棒や手拳で殴打した。

③ 警察官は交番前の路上に逃れて、乙と丙に対し、警棒を返して乱暴な振る舞いをやめるよう警告制止したが、両名はこれを聞き入れず、なお乙は拳闘姿勢で構え、丙は警棒で警察官を殴打した。

④ 警察官は、やむなく路上を逃げながら、両名に対して、拳銃を構え、「抵抗すれば撃つ」と威嚇した。

⑤　しかし、両名はかえって殺気立ち、丙は警棒を振って警察官の頭部めがけて殴りかかった。
　この時すでに、乙と丙に組みつかれたり、殴打されたため、制帽をたたき落とされたり、制服のボタンを引きちぎられたりしたほか、約２週間の加療を要する負傷を受けていた警察官は身の危険を感じ、丙が警察官の方へ一歩踏みこみその距離約１メートルとなった瞬間、丙に対して拳銃を発射し、左大腿部に命中させ、よって同人に対して全治約８か月を要する左大腿盲管銃創、左大腿骨骨体部粉砕骨折の傷を負わせた。

1 判例から実務を学ぼう　213

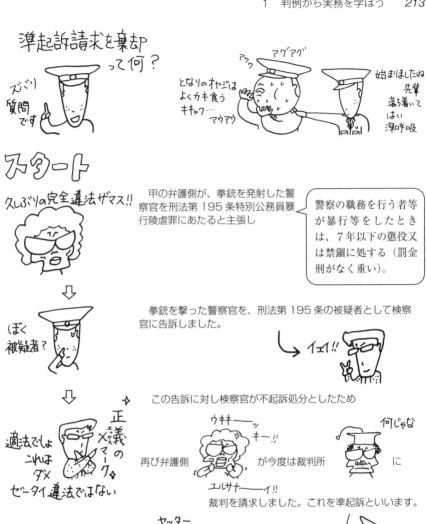

という流れになります。
この事例では警察官の拳銃使用が適法であったとして請求棄却（請求の理由がないと）されました。

ちなみに、準起訴請求による裁判では、

立場を入れ替えて裁判が行われます。
本件の判決は下記のとおりです。

> **判決要旨**
>
> 被疑者（警察官）は警察の職務を行うに当り、請求人に傷害を与えたことが明らかであるが、被疑者（警察官）の行為は次の理由により、正当防衛行為であつて罪とならないというべきである。
>
> ① 被疑者（警察官）の行為は、請求人らがそれぞれ被疑者（警察官）を殴打し、又は拳銃を奪おうとする侵害行為に対する防衛のためなされたこと、
>
> ② 請求人らの侵害行為は、被疑者（警察官）において挑発したものではなく、又拳銃発射直前には、請求人らは拳銃を奪う気勢を示し、被疑者（警察官）と約1メートルの至近距離に接近してまさに警棒で同人の頭部を一撃しようとしていたから、急迫、不正の侵害行為であつたこと（請求人等の行為は被疑者（警察官）に対する公務執行妨害傷害罪に当ると考えられる。）、
>
> ③ 被疑者（警察官）は、拳銃を発射するまでに、請求人らに対して乱暴をやめるよう説得したが、請求人らはこれを聞き入れず、執拗に被疑者（警察官）を追跡し、左顔面等に加療約2週間を要する傷を負わせていること、請求人らは共に体格も良く、警棒を持つて攻撃していたのに対して、被疑者（警察官）は味方もなく、警棒を奪われたこと、従つてこのような事情下においては自己の身を守るために相手の足に拳銃を発射することは、止むをえないものといえること、

1　判例から実務を学ぼう　215

　警察官の拳銃使用が警職法第7条の要件を満たさず、違法な武器使用であるとして、国家賠償請求を認めた事例

（札幌地判昭 48.1.30）

◇　事案の概要

①　警察官は、旅館から「泥棒が入りかけたので、すぐ来てくれ」との電話を受け、同旅館に臨場した。そこで、警察官が見分したところ、犯人が同旅館に侵入を企てた形跡があったため付近を検索すると、甲を発見した。

②　すると、甲も警察官に気づいて直ちに逃走したので、警察官は甲を住居侵入罪の現行犯人と判断し、追跡を開始した。

なお、警察官は、門扉を乗り越えようとした際、右手に所持していた警棒をその内側に落としてしまったが、これを拾っていては甲を見失うと考え、そのまま放置して甲を追った。

③ その後、甲は、袋小路に逃げ込んだため、引き返して警察官の方に向かって歩いてきた。
　そして、警察官が、「動くな。逮捕する」と言うと、甲は「なにっ」と言いながら迫ってきたため、体格のよい甲を心理的に威圧するため、甲が2メートル付近まで接近したときに拳銃を取り出し、銃口を下に向けて右腰に構え、「壁に向かって手を上げろ」と命じた。しかし、甲が更に近づいてきたので、体を右後方にひきながら左手で甲の肩部に手をかけて壁に押しつけたが、甲は壁際で向き直り、抵抗して逃走した。

④ その後も警察官は、甲に対し、追跡と格闘を繰り返し、付近に通行人がおらず助けが得られないこと、また甲との格闘の結果、相当疲れていたことから、拳銃の威嚇発射により逃走を防止して逮捕しようと思い、ホルスターから拳銃を取り出そうとしたところ、誤って引き金に指がかかり、1発盲発した。
　ところが、甲は依然として逃走を断念しなかったため、警察官は「止まれ。撃つぞ」と警告した後、銃口を空に向けて1発発射した。

⑤　警察官は更に逃走を続ける甲に追いつくと、両者は格闘となったが、その際、甲は警察官のホルスターに納めてあった拳銃の銃把を左手で握って銃口を警察官の大腿部に向けていた。警察官は、とっさに両手で弾倉付近を押さえて銃口をはずし、その抵抗をしりぞけてこれを取り返した。

⑥　すると、甲は再び逃走し、警察官はこれを追跡して、「止まれ。撃つぞ」と警告したがなお逃げたので、逃走中の甲の足首をねらい立射の姿勢で拳銃を1発発射したところ、これが甲の臀部に命中し、同人に臀部銃創、大腿骨損傷の傷害を与えた。

⑦　発射後、甲はよろけるように走った後、撃たれた地点から7メートルくらい先でうつ伏せになって倒れたので、警察官が追いつき、手錠をかけ、住居侵入罪並びに公務執行妨害罪の現行犯人として逮捕した。

218 警職法第7条 武器の使用

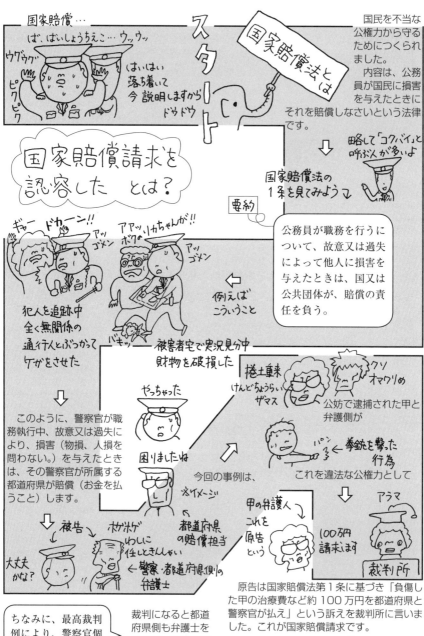

結論を先にいいますと、
　警察官の拳銃発射の過失　48％
　相手方甲の過失　　　　　52％
として、
「被告（都道府県警察）が原告（事例の甲）に35万円を支払え、原告のその他の請求は棄却とする。」
という判決を下しました。
　民事裁判では、このように100の過失を分けて相互に責任を負わせる場合があります。
　これを過失割合といいます。

ちなみにこの判決には批判もあるようですが
とにもかくにも読んでみましょう

判決要旨

　警察官は、逃走しようとして走り出した原告（甲）の背後からけん銃を発射したもので、原告（甲）を逮捕する意図に出たものであることが明らかであるから、「正当防衛ないしは緊急避難」にあたる場合でないことは明らかである。
　そこで、原告（甲）の行為が「死刑、無期若しくは長期3年以上の懲役若しくは禁錮にあたる兇悪な罪を現に犯し若しくは既に犯したと疑うに足りる充分な理由のある者」にあたるかどうかについて検討する。
　たしかに、原告の行為のうち、住居侵入、公務執行妨害および傷害罪がいずれも、「警職法第7条第1号の長期3年以上の懲役若しくは禁錮にあたる罪」である。
　しかし、危険性が極めて高いけん銃を使用して他人に危害を加えることができるのは、その職務の執行の重要性と必要性において究極的な場合に限られるべきもので、単に形式的に一定の法定刑以上の罪にあたる場合をもって足りるとせず、更に「兇悪な罪」であることを要するとしているものと理解される。
　したがって、「兇悪な罪」とは単に法定刑のみによって決すべきものではなく、犯行の態様、手段、侵害されるべき被害法益、侵害の危急性その他諸般の事情を考慮して具体的に決せられるべきものである。
　そこで、各罪をみると、右住居侵入罪は夜間であるとはいえ特に兇器等を所持していたものではなく、公務執行妨害罪にしても、警察官に対する抵抗はかなり執拗であり格闘におよぶものではあるけれども、暴行の内容は襟首をつかんだり、足を蹴ったり、口のあたりを1回殴ったりした程度で兇器を使用しておらず、逃走を容易にするためで積極的に攻撃的行為に出たものではないということができる。更に傷害罪にしても暴行の過程において派生したもので、その結果も3日間くらいの通院治療で回復した程度であって、これらの点から判断すると、警職法第7条第1号の「兇悪な罪」にはあたらないというべきである。
　よって、警察官が原告（甲）に対し、けん銃を発射して傷害を負わせたのは違法というべきであり、被告（都道府県）は、国家賠償法第1条により、不法損害を賠償する責任があるものといわなければならない。

2 条文を勉強しよう

1 第7条本文〔人に危害を加えない使用〕

条文をチェック！

警察官は、犯人①の逮捕②若しくは逃走の防止③、自己若しくは他人に対する防護④又は公務執行に対する抵抗の抑止のため⑤必要であると認める相当な理由のある場合⑥においては、その事態に応じ合理的に必要と判断される限度⑦において、武器⑧を使用する⑨ことができる。

 チャートにしよう

| 犯人の逮捕若しくは逃走防止のため | or | 自己若しくは他人に対する防護のため | or | 公務執行に対する抵抗の抑止のため |

必要であると認めるに相当な理由のある場合

その事態に応じて合理的に必要と判断される限度で

⬇

武器を使用できる（人に危害を加えない使用）。

使用の事例

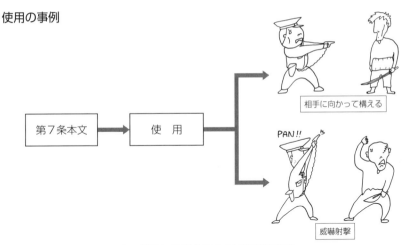

※　相手に危害を与えない使用に限る。

① 「犯人」
- 「被疑者」…………捜査機関によって犯罪の疑いがあるとされている者
- 「刑事被告人」……刑事事件に関して公訴を提起された者
- 「既決者」…………有罪判決が確定した者
  ※　その者が真に犯罪を犯したものであるかどうかを問わない。

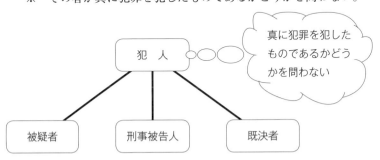

② 「逮捕」
- 刑事訴訟法上の逮捕（通常逮捕、緊急逮捕、現行犯逮捕）
- 被告人に対する勾引状・勾留状の執行（刑訴法70条）
- 刑の言渡しを受けた者に対する収容状の執行（刑訴法489条）

③「逃走の防止」

　警察官により身体の自由を拘
束され又は拘束されようとして
いる者が、警察官の実力支配内
から離脱し又は離脱しようとす
ることを防止すること。

④「自己若しくは他人に対する防護」

- 　正当防衛又は緊急避難
- 　第5条の犯罪の制止

等の場合。

⑤「公務執行に対する抵抗の抑止のため」

　▷「公務執行」

　　警察官の適法な職務執行のこと。

　　実力行使が認められ、強制的な態様で行われるものに限られる。

　▷「抵抗」

　　警察官の適法な職務執行に対して、作為又は不作為の行為によって妨害
　等をすること。

> **Point**
>
> ◇　**不作為での武器使用が認められる場合の例**
>
> 　　デモ等において一定の場所に座り込んで動こうとしないなど、公共の安全を
> 守るための警察活動が妨害される状況であれば、武器の使用（人に危害を加え
> ない使用）が認められる場合がある。

　▷「抑止」

　　警察官の職務執行に対して抵抗する者に対し、警察官が実力を用いて制
　止、排除等をする行為のこと。

> **Point**
>
> ◇　**「公務執行に対する抵抗の抑止のため」に当てはまらない例**
>
> 　　事務所内で事務を行っている警察官に対し、来署した者が暴行・脅迫を行
> い、その警察官の公務が妨害されたことから、やむを得ず武器を使用した場合。
> 　　公務執行妨害罪が成立したことによる逮捕、あるいは自らの防護のために武
> 器の使用が許されるのであって、「公務執行に対する抵抗の抑止のため」に許
> されるのではない。

2 条文を勉強しよう　223

⑥「必要であると認める相当な理由のある場合」

　　警察官の主観的、独断的な判断ではなく、社会通念上、是認されるような
状況がなければならない。

　　⒧　犯人が武器で抵抗しながら逃走した場合。

⑦「その事態に応じ合理的に必要と判断される限度」

　　警察目的を達成するために必要な範囲内でなければならないこと。

　　本条の要件が充足された場合であっても、他に方法があってそれによって
も警察目的が達成されるのであれば、拳銃を使用することなく、その方法に
よるべきである。

⑧「武器」

　　人を殺傷する性能を有し、主として人を殺傷するためにつくられたもの。
通常の武器は、拳銃、小銃、刀、槍等を指す。

Point

◇　**本条にいう武器**

　　警察法第67条によって所持が認められている「小型武器」（拳銃（警察法施
行令９条１項））のこと。

◇　**本条にいう武器に当たらないもの**

・　催涙ガス

　　ただし、人の生理的機能に障害を与える可能性があることから、その使用
に当たっては、本条の要件に従って使用することとされている。

・　警杖や警棒

　　ただし、これを使用する場合には、本条の要件に従って使用することとさ
れている。

---

⑨「使用する」

　　武器を本来の用途に従って用いることをいう。

Point

◇　**本条にいう「武器の使用」に当たらない行為**

・　拳銃をサックから取り出す行為
・　拳銃の銃把で相手を殴る行為
・　訓練のために射撃場で拳銃を発砲する行為

---

2 第7条ただし書〔人に危害を加える使用〕

条文をチェック！

但し①、刑法（明治40年法律第45号）第36条（正当防衛②）若しくは同法第37条（緊急避難③）に該当する場合又は左の各号の一に該当する場合を除いては、人に危害を与え④てはならない。

(1) 死刑又は無期若しくは長期3年以上の懲役若しくは禁こにあたる兇悪な罪⑤を現に犯し、若しくは既に犯したと疑うに足りる充分な理由のある者がその者に対する警察官の職務の執行に対して抵抗し⑥、若しくは逃亡しようとするとき又は第三者がその者を逃がそうとして警察官に抵抗するとき、これを防ぎ、又は逮捕するために他に手段がないと警察官において信ずるに足りる相当な理由のある場合。

(2) 逮捕状により逮捕する際又は勾引状若しくは勾留状を執行する際⑦その本人がその者に対する警察官の職務の執行に対して抵抗し、若しくは逃亡しようとするとき又は第三者がその者を逃がそうとして警察官に抵抗するとき、これを防ぎ、又は逮捕するために他に手段がないと警察官において信ずるに足りる相当な理由のある場合。

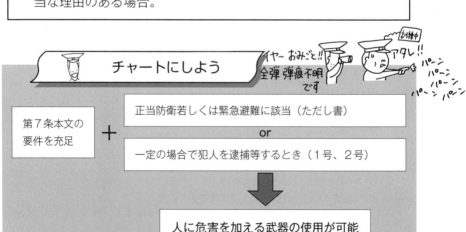

① 「但し」
- 「本文」→人に危害を加えない使用（相手に向けて構える、威嚇射撃する）を規定
- 「ただし書」→人に危害を加える使用（相手に向かって撃つ）を規定

相手に向かって拳銃を発射する場合には、本条本文の要件だけでは足りず、ただし書以下の要件も充足しなければならない。

	本文の要件	ただし書以下の要件 (※)
人に危害を加えない武器使用	○（必要）	×（不要）
人に危害を加える武器使用	○（必要）	○（必要）

(※)・正当防衛における使用
　　・緊急避難における使用
　　・一定の場合の犯人逮捕等のための使用

② 「正当防衛」（刑法36条）

警察官が職務執行として武器を使用した場合、それが刑法の正当防衛の要件を充足している場合には、たとえ相手が負傷あるいは死亡したとしても、警察官に責任が生じない。

なお、本条に定める「正当防衛」は、警察官の職務執行に伴うものに限定される。

> **Point**
>
> ◇ 本条の「正当防衛」に当たらない例
>
> 　休暇中の警察官が暴漢に襲われたため、やむを得ず武器を使用して相手が負傷等をした場合については、刑法に定める正当防衛の成否についてのみ判断され、本条とは関係がない。

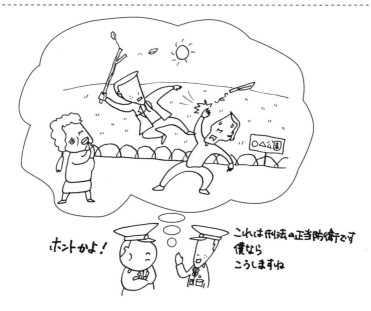

③「緊急避難」（刑法37条）

　警察官が職務執行として武器を使用した場合、それが刑法の緊急避難の要件を充足している場合には、たとえ相手が負傷あるいは死亡したとしても、警察官に責任が生じない。

> **Point**
>
> ◇ 緊急避難の「現在の危難」
> - 人、動物、自然災害を問わない。
> - 正当防衛が不正の侵害に限られることに対し、緊急避難は正、不正を問わない。
>
> ◇ 「現在の危機」での適切な武器使用例
>
> 　狂犬が他人に襲いかかろうとしていたため、警察官がその犬を射殺する行為。ただし、この場合、犬を射殺する行為は人に対する危害行為ではないため、第7条本文の要件さえ充足していれば足り、危害要件は必要としない。

④ 「人に危害を与え」

人の生命を奪い、又はその身体に傷害を与えること。

逃走する車のタイヤに向けて拳銃を発射する行為は、「人に危害を与え」る行為にはならない。

⑤ 「兇悪な罪」（１号）

死刑又は無期若しくは長期３年以上の懲役若しくは禁錮（緊急逮捕対象犯罪）に当たる罪のこと。

１号の場合（相手に向かって撃つことができる場合）

正当防衛と緊急避難については、罪の制限はない。

> Point
>
> ◇ **第１号における相手に危害を与えることができる武器使用の例**
>   警察官の職務執行に対して、
>   - 抵抗し、若しくは逃亡しようとするとき
>   - 第三者がその者を逃がそうとして警察官に抵抗するとき
>   - これを防ぎ、又は逮捕するために他に手段がないと警察官において信ずるに足りる相当な理由があるとき
>
>   その罪が「兇悪な罪」に該当していれば武器の使用（人に危害を与えることができる使用）が認められる。
>
> ◇ **第１号における相手に危害を与えることができない武器使用の例**
>   (例) 軽犯罪法違反の被疑者を現行犯逮捕する場合
>   この場合、第三者が当該被疑者を逃がそうとして警察官の職務を妨害した場合であっても、正当防衛のために必要がある場合を除き、拳銃をその第三者に向けて発射することはできない。
>   ただし、危害を及ぼさない範囲内の使用、すなわち、相手に向けて拳銃を構えたり、上空に向けて威嚇射撃をしたりすることはできる。

228　警職法第7条　武器の使用

⑥「その者に対する警察官の職務の執行に対して抵抗し」
- 兇悪犯人を逮捕する場合
- 共犯者の犯行を制止する場合

などのこと。

⑦「逮捕状により逮捕する際又は勾引状若しくは勾留状を執行する際」（2号）
- 逮捕状の執行の際
- 勾引状又は勾留状の執行の際
- 収容状による収容の際

　第1号とは異なり、第2号（逮捕状等による職務執行の場合）は、緊急逮捕の対象事件に限られない。

	危　害　要　件
第1号	緊急逮捕対象事件に限る。
第2号	緊急逮捕対象事件に限らず、軽犯罪法等の軽微な事件も該当する。

2 条文を勉強しよう　229

> **Point**
> ◇ 第2号「逮捕状により逮捕する際又は勾引状若しくは勾留状を執行する際」における人に危害を与えることができる武器使用の要件
> - 警察官の職務の執行に対して抵抗し、若しくは逃亡しようとするとき
> - 第三者がその者を逃がそうとして警察官に抵抗するとき
> - 軽犯罪法や道路交通法に定める軽微な犯罪であっても、逮捕状等により身柄を拘束する場合に必要なとき
> - これを防ぎ、又は逮捕するために他に手段がないと警察官において信ずるに足りる相当な理由があるとき
>   障害となる相手に向けて拳銃を発射し、その者に危害を与えることができる。
>   ※緊急逮捕対象事件に限られない。

2号の場合（相手に向かって撃つことができる場合）

3 ＳＡに挑戦しよう

次の各設問につき、正誤を判断せよ。

問１ 警察官は、現行犯人を逮捕する場合、その罪が死刑又は無期若しくは長期３年以上の懲役若しくは禁錮に該当する凶悪な罪でない場合であっても、相手に危害を与える態様で拳銃を使用することができる。

問２ 挙動不審者を交番に同行中、その者が逃走しようとした場合、これを防止するため他に手段がないと認められるときでも、拳銃の威嚇発射をすることは許されない。

問３ 犯人の逮捕の現場における武器使用の必要性の判断は、逮捕に当たる警察官の主観的な認定によるものではなく、社会通念からみてその必要性が認められるような客観性のあるものでなければならない。

問４ 拳銃の使用は、即時強制に当たる。

問５ 拳銃の使用が予想される犯行現場に急行する際、あらかじめ拳銃を取り出しておく行為は、警職法第７条にいう武器の使用に当たる。

問６ 公務執行に対する抵抗の抑止のため、警棒を使用して相手方に傷害を与えた場合、その行為が適法であるというためには、警職法第７条の定める危害要件を満たしていることが必要とされる。

問７ 警職法第７条の武器とは、人の殺傷の用に供する目的で作られ、現実に人を殺傷する性能を有する器具をいい、警棒、警杖等も武器に当たる。

問８ 拳銃を相手に向けて構えたり、物に向けて発射したりすることは、警職法第７条にいう武器の使用に当たるが、拳銃をあらかじめ取り出しておくことは、使用の準備行為であって、武器の使用には当たらない。

問９ 警職法第７条にいう逮捕とは、刑事手続としての身体の拘束を指し、刑事訴訟法上の通常逮捕、緊急逮捕、現行犯逮捕に限られ、勾引状又は勾留状の執行及び収容状の執行は含まない。

3　SAに挑戦しよう　　*231*

問10　警職法第7条にいう犯人とは、捜査機関によって犯罪の疑いがあるとされている者、刑事事件に関し公訴を提起されている者をいい、有罪判決の確定した者は除かれる。

問11　警職法第7条の規定により、警察官は、犯人の逮捕若しくは逃走の防止又は自己若しくは他人の防護のため必要であると認める相当の理由がある場合においては、相手方の抵抗がなくても合理的に必要と認められる限度において拳銃を擬し、又は威嚇射撃をすることができる。また、逮捕状によって犯人を逮捕する場合は、一定の要件の下に罪種のいかんを問わず、相手方に危害を与える方法で拳銃を使用することができる。

問12　犯人を逮捕する場合で、拳銃を使用する以外ほかに方法がないと認められるときは、犯人の抵抗がなくても、警職法第7条を根拠として、その事態に応じ合理的に必要と判断される限度において、拳銃を犯人に向けて構えるなど、威嚇のために使用することができる。

問13　警察官が武器の使用を「必要であると認める相当な理由のある場合」とは、武器使用の必要性の判断が警察官の主観的判断によるものでなく、社会通念に照らして合理的に行われた結果、武器の使用が目的のために必要な合理的手段であると客観的に認められることをいう。

問14　警職法第7条に基づき、犯人を逮捕するため武器を使用する以外に他に手段がないと信ずるに足りる相当な理由がある場合であっても、その事態に応じて合理的に必要と判断される限度を超えて武器を使用することは許されない。

問15　警職法第7条に基づき、犯人の逮捕又は逃走の防止のため、必要と認める相当の理由がある場合において、拳銃を使用することができるが、犯人の抵抗がなければ拳銃を使用することはできない。

問16　警職法第7条にいう人に危害を加えない使用とは、具体的には、拳銃を取り出すこと、拳銃を人に向かって構えて威嚇すること、威嚇射撃を行うこと及び物に向けて発射することがこれに当たる。

問17　警職法第7条に基づく武器の使用は、犯人の逮捕・逃走の防止、自己又は他人の防護、公務執行に対する抵抗の抑止の3つの場合であって、客観的に必要と認められるときに限られる。

232 警職法第7条 武器の使用

問18 催涙ガスは、警職法第7条に規定する武器の使用に準じ、その使用が必要であると認める相当な理由がある場合において、かつ、その事態に応じて合理的に必要とされる限度で、慎重に使用されなければならない。

問19 警職法第7条にいう「その事態に応じ合理的に必要とされる限度」とは、武器の使用について要件を満たしていても、その使用を必要最小限度で、かつ、社会的に相当と認められる範囲にとどめるべきことを規定したものである。

問20 正当防衛の要件を満たす場合には、ことに危害を加える武器の使用も適法なものとして許される。正当防衛のためでも、不必要な攻撃を行うことはできないが、真に必要がある場合には、武器を使用して相手方を殺害することもできる。

問21 警察官が職務執行として武器を使用した場合、それが刑法の正当防衛又は緊急避難の要件を充足している場合には、たとえ相手が負傷あるいは死亡したとしても、警察官に責任が生じない。

問22 警職法第7条に基づき、人に危害を加える方法による武器の使用が認められるところ、現行犯逮捕、緊急逮捕をする場合については、逮捕に係る罪が凶悪な罪種に制限されているが、正当防衛、緊急避難又は通常逮捕の場合は、その罪種に制限はない。

問23 警棒は警職法第7条にいう「武器」に該当しないので、防御や抑止といった本来の用途のために使用する場合には、相手に打撲傷を負わせることが想定されても、その使用が同条により規制されるものではない。

問24 任意手段しか認められず、実力行使が許されないような状況の下においては、警職法第7条にいう「自己若しくは他人に対する防護」のためであっても、武器を使用することは許されない。

問25 逮捕状により逮捕する場合、所定の要件を具備すれば、人に危害を与えるような方法での武器使用が許されるが、この場合、逮捕の理由となっている犯罪に罪質や法定刑による制限はない。

問26 拳銃を人に向けて構える行為は武器の使用に当たり、危害を加えないような方法で使用する場合であっても、他に手段がないという要件が必要とされる。

234　警職法第7条　武器の使用

正解・解説

問1　誤り。

　人に危害を加えるような方法による武器の使用が許されるのは、正当防衛、緊急避難に該当する場合のほか、①死刑又は無期若しくは長期3年以上の懲役若しくは禁錮に当たる凶悪な罪を現に犯し、若しくは既に犯したと疑うに足りる充分な理由のある者が、警察官の職務執行に抵抗し、又は逃亡しようとする場合、又は第三者がその者を逃がそうとして警察官に抵抗するとき等、②逮捕状により逮捕する際又は勾引状若しくは勾留状を執行する際、警察官の職務執行に抵抗し、又は逃亡しようとする場合又は第三者がその者を逃がそうとして警察官に抵抗するとき等で、他に手段がないと認められるときである。②の場合には、罪種の限定はないのに対し、①の場合には、その罪種が緊急逮捕し得る罪であって凶悪なものに限られている（警察官等拳銃使用及び取扱い規範2条2項）。

問2　正しい。

　犯人の逮捕又は逃走の防止のため必要がある場合には、人に危害を与えない方法での武器の使用が認められるが、「犯人の逃走の防止」とは、逮捕すべき被疑者の逃走を防止することである。職務質問のため交番に任意同行中の者は、その時点では逮捕することのできる者ではないから、その者が途中で逃走しようとした場合には、逃走防止のための武器の使用は認められず、拳銃の威嚇射撃をすることはできない。

問3　正しい。

　警察官が武器の使用をすることができる「必要であると認める相当な理由のある場合」における武器使用の必要性は、犯人逮捕等の現場の事態に当面した警察官が判断するのであるが、その判断は、警察官の一方的な主観的認定によるのではなく、社会通念からみてもその必要性が認められるような客観性のあるものでなければならないことを意味する。

問4　正しい。

　武器を使用することは、腕力等を用いるのと同様に、強制としての実力行使の一つの手段であるから、即時強制に当たる。警職法第7条は、その使用要件について、厳格な制限をしたものである。

3　ＳＡに挑戦しよう　　235

問5　誤り。

　武器の使用とは、その武器の性能を発揮させるため、定まった用法と目的とに従ってこれを使うことである。人を殺傷することのほかに、拳銃を車に乗っている者に対して車のタイヤに向けて発射したり、威嚇のために上空に向けて撃ったり、相手を制圧するために拳銃を構えることも武器の使用に当たる。しかし、拳銃をサックから取り出しておくことは、使用の準備行為であって、使用ではない。

問6　正しい。

　警棒・警杖等は、人を殺傷する用途のものではないから武器ではないが、用法によっては人を殺傷することができるものである。これらのいわゆる用法上の武器を人に危害を与える可能性のある方法で使用する場合には、武器に準ずるものとして、警職法第7条の人に危害を加える武器使用の要件によらなければ違法となる。

問7　誤り。

　警棒、警杖等は、人を殺傷する用に供する目的で作られた物ではないから、武器ではない。

問8　正しい。

　拳銃を相手の前に構えて制圧したり、威嚇のために物に向けて発射することは、拳銃本来の用法の中に含まれるので、武器の使用に当たるが、拳銃をあらかじめ取り出しておくことは、使用の準備行為であって、武器の使用には当たらない。

問9　誤り。

　逮捕とは、通常は刑事訴訟法上の通常逮捕、緊急逮捕及び現行犯逮捕をいうが、警職法第7条では、これらの手続による被疑者の逮捕のほか、被告人に対する勾引状又は勾留状の執行及び刑の言渡しを受けた者に対する収容状の執行を含む。

問10　誤り。

　警職法第7条における「犯人」とは、捜査機関によって犯罪の疑いがあるとされている者、刑事事件に関し公訴を提起されている者のほか、有罪判決の確定した者をいう。

236　　警職法第 7 条　武器の使用

問11　正しい。
　「犯人の逮捕若しくは逃走の防止」又は「自己又は他人の防護」のための武器の使用について「抵抗の抑止」のためという限定がなされていない。抵抗があればもちろん、抵抗がなくても、逮捕、制止の執行を確実にするため、人に危害を及ぼさない方法での武器の使用ができる。また、逮捕状で逮捕する場合に、相手方が抵抗し、又は逃亡しようとするときは、人に危害を与える方法での武器の使用が許されるが、この場合は現行犯逮捕や緊急逮捕の場合と異なり、罪種等についての限定はない。

問12　正しい。
　犯人を逮捕する場合における武器の使用については、「抵抗の抑止のため」という限定がなされていないので、相手方が抵抗しない場合でも、逮捕目的を達成するために拳銃を使用する以外に方法がないと認められるときは、合理的に必要と判断される限度において、拳銃を威嚇のために使用することができる。

問13　正しい。
　警職法第 7 条にいう「必要であると認める相当な理由のある場合」に当たるかどうかの判断は、警察官の主観的又は恣意的な判断によるものであってはならない。

問14　正しい。
　警職法第 7 条は、武器の使用が可能な場合であっても、その使用は「その事態に応じ合理的に必要と判断される限度」においてなすべきことを定めている。すなわち、その事態に当面した警察官は、同条の定める武器の使用要件に従うことはもとより、その事態における警察目的達成に必要な限度で、しかも、その限度は社会通念に従って合理的と判断されるところに従って武器を使用すべきことが求められている。例えば、犯人逮捕の目的で、人を死亡させるような武器の使用は許されない。

問15　誤り。
　「犯人の逮捕若しくは逃走の防止」又は「自己若しくは他人に対する防護」のために武器を使用する場合は、「抵抗の抑止」という限定がなされていない。

問16　誤り。
　拳銃を人に向かって構えて威嚇すること、威嚇射撃を行うこと、物に向け

て発射することは、人に危害を加えない使用に該当するが、単に拳銃を取り出すことは、相手を畏怖させるためのものでない限り、使用の準備であって、この規定にいう使用には当たらない。

問17　正しい。
　「必要であると認める相当な理由のある場合」とは、武器の使用が目的達成のために必要かつ合理的な手段であると客観的に認められることをいう。

問18　正しい。
　警察が現在使用している催涙ガスは、ごく一時的に視力の活動に若干の障害を与える程度の効力の弱いものであり、武器でないと解することもできるが、警察では、慎重を期して、警職法第7条の要件の下に使用することとしている。

問19　正しい。
　設問のとおり。

問20　正しい。
　生命に対する危害を防止するために必要やむを得ない場合には、射殺することも許される（広島地決昭46.2.26）。

問21　正しい。
　法の明文の根拠があるなしにかかわらず、その職務執行が正当防衛又は緊急避難の要件に該当しなければ、刑法上の刑事責任又は民法上の民事責任を免れることはできない。警察官の実力行使について、その職務執行が正当防衛又は緊急避難の要件に該当する場合は、武器使用の結果について、刑法上の刑事責任又は民法上の民事責任を免れる。

問22　正しい。
　現行犯逮捕又は緊急逮捕の場合には、逮捕に係る罪が、緊急逮捕をなし得る罪で凶悪なものであることを要するが（警職法7条1号）、正当防衛、緊急避難又は通常逮捕の場合には、このような罪種の限定はない（警職法7条ただし書、2号）。

問23　正しい。
　警棒・警杖等は、本来、防御や制止のために作られた用具であるから、警職法第7条の武器には該当せず、したがって相手方に多少の打撲傷等を負わ

238　警職法第7条　武器の使用

せる程度のことが想定されたとしても、同条により規制されるものではない。

問24　正しい。

　警職法第7条の使用要件があっても、使用する武器の種類や使用方法は、必要最小限度でなければならないから、実力行使が許されない状況下であれば、武器の使用は許されない。

問25　正しい。

　逮捕状による逮捕等の場合は、警職法第7条に規定する要件を満たせば、人に危害を与えるような方法で武器を使用することができ、この場合、凶悪犯罪の犯人の逮捕等の場合と異なり、法定刑等による制限はない。

問26　誤り。

　人に危害を与えないような方法による武器の使用については「他に手段がない」こと（補充性）までは要求されておらず、警察官等拳銃使用及び取扱い規範第5条においても「補充性」は要件とされていない。これに対して、人に危害を加える武器の使用の場合は、補充性が要求される。

判例 追補

判例読んでますか？

え!!読んでない!!

それはもったいない。

ギリギリの現場がありますね。

そこを警察官たちが、

けしからん連中と死闘を展開し、

なんとかかんとか乗り越える。
過去の判例には、警察官たちの、
その戦いの記録が明記され、
弁護側が提起した問題点と、
裁判官の見解が書かれています。
まさに、生きた教科書ですゾ

事例をみてみよう こんなことがありました パートI

(最決平7.5.30)

1. 青色で発進しない甲乗車の車を発見したことから、飲酒運転などの疑いをもち、赤色灯を回して停止を求めたところ、急に発進し、その後も停止指示に応ずることなく走行し、約3km走った後にようやく停止した。

2. 停止後、警察官が免許証の提示を求めたところ、不携帯であり、さらに、甲に覚醒剤の前科があることが判明し、甲の態度に落ち着きがなく、しゃべり方がおかしいなどの状況から、覚醒剤所持の疑いをもち、車内の捜索及び所持品検査に応ずるよう、20分にわたって説得したが、甲は応じなかった。

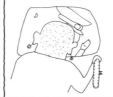

3. 警察官が、覚醒剤所持の疑いを強め、専務員を要請したところ、別の警察官が車内に白い粉末が散らばっているのを発見した。
到着した専務員は、車内の粉末について甲に質問したところ、甲が「砂糖です」と言って粉末の予試験に応じたので、甲立会いの上、粉末を検査したが、覚醒剤は検出されなかった。

4. 専務員は甲の皮膚が荒れ、目が充血しているなどの状況から、捜索の継続を決断し、他の警察官に対し、「甲は承諾しているから車の中をよくみろ」と指示、警察官4人が車内を綿密に捜索した結果、運転席の下から白い粉末が入ったビニール袋（一包）が見つかった。
その間、甲は異議を述べたり、口出しをすることはなかった。

5. 専務員は、甲に対し、「物が出た以上、署まで来てもらうぞ」と同行を求め、甲も素直に応じた。
署に同行後、署内において、発見した粉末の予試験を実施した結果、陽性反応が出たことから、甲を覚醒剤所持の現行犯人として逮捕した。

6. 甲は逮捕後、留置場で就寝した後、翌日の朝、覚醒剤所持に関する取調べを受けた際、尿の提出を求められたことからこれに応じ、同署で尿を提出した。
その間、甲は、拒否したり、反抗することなく素直な態度であった。
その後、甲の尿を鑑定したところ、覚醒剤の陽性反応が出たことから、甲を覚醒剤の使用で逮捕した。

判例追補 243

判例をみてみよう　裁判所の判断

本件は、警察官4人が、車内に乗り込んで、懐中電灯等を用い、座席の背もたれを前に倒すなどして丹念に車内を調べたというのです。

　この事例では、一、二審においては、警察官が甲の自動車内を調べた行為の適法性が争点となりました。一審は、甲が承諾を与えていたと認定し、本件捜査に違法はなかったとして、甲を懲役2年としました。しかし二審では、警察官が自動車内を調べた行為は、態様、実質において捜索に等しく、甲の任意の承諾があったとは認められないとした上で、違法な行為によって発見された覚醒剤の所持を被疑事実とする現行犯逮捕手続は違法であり、さらにその逮捕された状態を利用して行われた採尿手続も違法となるが、違法の度合いは重大でないとして、結論において尿の鑑定書の証拠能力を認め、控訴を棄却しました。これに対し、弁護側は、憲法違反、判例違反等を理由に上告がされたもので、以下は最高裁が出した最終の判断です。

警察官が車内を調べた行為についてはダメ

　警察官が本件自動車内を調べた行為は、甲の承諾がない限り、職務質問に付随して行う所持品検査として許容される限度を超えたものというべきところ、右行為に対し甲の任意の承諾はなかったとする判断に誤りがあるとは認められないから、右行為が違法であることは否定し難い。

車内捜索の違法の程度について

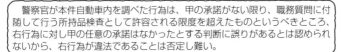

　警察官は、停止の求めを無視して自動車で逃走するなどの不審な挙動を示した甲について、覚醒剤の所持又は使用の嫌疑があり、その所持品を検査する必要性、緊急性が認められる状況の下で、覚醒剤の存在する可能性の高い本件自動車内を調べたものであり、また、甲は、これに対し明示的に異議を唱えるなどの言動を示していないのであって、これらの事情に徴すると、右違法の程度は大きいとはいえない。

その後の採尿手続はかろうじてOK

　本件採尿手続についてみると、警察官が本件自動車内を調べた行為が違法である以上、発見された覚醒剤の所持を被疑事実とする現行犯逮捕手続は違法であり、さらに、採尿手続も、一連の違法な手続により行われたものであるから、違法性を帯びるといわざるを得ないが、甲は、警察署への同行に任意に応じており、また、採尿手続自体も、何らの強制も加えられることなく、甲の自由な意思による応諾に基づいて行われているのであって、警察官が本件自動車内を調べた行為の違法の程度が大きいとはいえないことを勘案すると、右採尿手続の違法は、いまだ重大とはいえず、これによって得られた証拠を甲の罪証に供することが違法捜査抑制の見地から相当でないとは認められないから、甲の尿の鑑定書の証拠能力は、これを肯定することができると解する。

事例をみてみよう こんなことがありました パートⅡ

（東京地判平28.4.15）

1
警察官2名が警ら中、駅構内で頬がこけ、顔色が悪い甲を発見したことから職務質問をしたが、甲は拒否し、反対方向に行こうとしたので、警察官が前に立って、両手を甲の胸あたりに触れるようにして「バッグの中を見せてください」と説得したところ、「バッグだけだぞ」と言ってこれに応じた。

2
甲は自らバッグのチャックを開けたので、警察官が中を確認すると、中に金属製のパイプや黒く焦げたガラス瓶を発見した。すると甲はバッグを手に立ち去ろうとしたので、警察官が甲の肩を手でつかむようにして引き止めた。

3
すると甲は、急に駅構内に設置してある高さ1.3mのフェンスを乗り越えようとしたことから、警察官が肩と腕を押さえたが、押さえきれず、甲の首に腕を回して引き寄せたところ、警察官と甲が一緒に後方に倒れこんだ。

4
転倒後、甲が立ち上がろうとしたことから、警察官が甲の背中に覆いかぶさり、もう一人の警察官が腰を押さえつけた。その後、甲が「痛い。暴れないからどいてくれ」と言ったため、警察官が甲の体から離れた。その間、甲を押さえていたのは1、2分程度であった。

5
その後、甲の承諾を得て、バッグの中を確認し、さらに「ポケット内を見ていいか」と言うと、「見ればいいじゃないか」と承諾したことから、甲のズボンのポケット内に手を入れて確認すると、黒い焦げのあるガラスパイプを発見した。

6
覚醒剤使用の疑いを強めた警察官は専務員を要請し、近くの交番に任意同行して任意による採尿を求めたが、甲は尿を出さなかったことから、強制採尿の令状を請求し、発付後、令状を提示したところ、甲は任意の採尿に応じた。
その後、予試験の結果、尿中から覚醒剤が検出されたことから、甲を逮捕した。

裁判所の判断

イメージ ひどいです

弁護側の主張

甲に対する職務質問、所持品検査の過程には、警察官が違法な有形力を行使し、甲の同意なしに所持品検査を行うなど、令状主義を没却する重大な違法があり、甲の採尿はその影響下でなされたものであるから、その尿についての鑑定書は違法収集証拠として排除されるべきである。

とっさの行動が行き過ぎたと判断してくれました

それに対し、裁判官はこう言っています

甲がフェンスを乗り越えようとした時点では、所持品検査の結果などから、甲に対する覚醒剤使用等の薬物事犯についての嫌疑はかなり高くなっていた上、職務質問や所持品検査を継続する必要性、緊急性も認められた。そして、警察官らは、甲が突然フェンスを乗り越えて地下鉄の改札口内に逃走しようとしたため、当初は、甲の上半身を手で押さえるなどしたが、押さえきれなくなったため、甲を引き倒し、取り押さえたものである。甲を取り押さえていた時間も短い。その後の所持品検査や任意同行等における警察官らの言動にも、強制的なものは特にない。これらによれば、この停止行為は、とっさの行動が行き過ぎた面が大きく、警察官らに令状主義に関する諸規定を潜脱する意図はなかったと認められるし、甲の身体の自由を侵害するものではあるが、その違法の程度は令状主義の精神を没却する重大なものとはいえない。

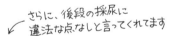
さらに、後段の採尿に違法な点なしと言ってくれてます

また、甲には、職務質問の開始時から、薬物使用者であることをうかがわせる外見的な特徴や挙動が見られた上、警察官らは、違法な停止行為前の所持品検査で、甲のバッグ内から金属製のパイプ、底の焦げたガラスの小瓶、はかり等を発見している。その上、捜査機関は、強制採尿令状発付請求の準備中に、甲に覚醒剤事犯の前歴があることも把握している。甲が任意採尿に応じたのは、強制採尿令状が発付されたためと思われるが、こうした違法な停止行為と関連のない事実のみによっても、強制採尿令状発付の要件の疎明は可能であったと考えられる。そうすると、違法な先行手続が採尿手続に及ぼした影響は大きいとはいえない。

大丈夫そうだね

□ 結論

本件の採尿手続の違法は重大とはいえず、これによって得られた証拠を甲の罪証に供することが違法捜査抑制の見地から相当でないとは認められないから、本件鑑定書の証拠能力は肯定することができる。

ムギーッ!!

これじゃあ

事例をみてみよう こんなことがありました パートⅢ

（最決昭55.9.22）

1
警察官2名が道路上において、飲酒運転の取締りを目的として検問を開始した。
その際、警察官の方向に向かってくる車両は5分に1台くらいであった。
警察官らは、不審点の有無にかかわらず、全車両に停止を求めて職務質問を行うこととした。

2
午前2時頃、甲が運転する車（「甲車」という。）が進行してきたので、警笛を吹鳴して停止させた。
その際、甲車にふらつくなど不審な動きは全くなかった。警察官が停止を求めると、甲車は道路左側に寄せて警察官の前で停止した。

3
警察官が甲車の運転席の横に立ち、窓を開けるように求め、窓越しに甲に運転免許証の提示を求めたが、その際、甲から酒臭がしたことから、酒気帯び運転の疑いをもち、甲を降車させた。

4
甲は、警察官の指示に従って車を降り、さらに近くの交番まで同行を求め、これに応じた甲を交番に同行後、飲酒検知をしたところ、呼気1ℓにつき、0.25mg以上のアルコールを検出したため、甲を飲酒運転と認めた。

5
警察官は、交番において、鑑識カードを作成するとともに、交通切符を作成し、署名を求めたところ、甲はこれに応じた。
その後、甲に対し、車両は後で取りにくるように指示すると、甲はこれに従って徒歩で帰宅した。

6
後日、甲は否認に転じ、刑事裁判で争われたが、その際、弁護人は、本件自動車検問は、何ら法的根拠もなく行われた違法なものであるから、違法な検問を端緒として収集された証拠は証拠能力を有しないと主張した。

判例追補 247

裁判所の判断

違法ザマス!!

弁護側の主張

本件は、深夜、警察官が所属警察署の一般的指令に基づいて、飲酒運転の多発地点で、車両のすべて（一方向のみ）に停止を求めて交通検問をし、その際、検挙された被告人が酒気帯び運転の罪で起訴されたもので、弁護側は、このような一斉交通検問は、法的根拠がなく、市民のプライバシーを侵害するもので違法であり、憲法13条などに違反すると主張しました。

これまでは
検問の根拠が
あいまいでした

よく読んでネ♡

自動車検問は、その目的に応じて、緊急配備活動としての検問、不特定の犯罪の予防、検挙を目的とする警戒検問、交通違反の予防、検挙を目的とする検問です。
いわゆる不審車両を対象とするものである限り、問題は少なく、警職法、刑訴法の捜査に関する規定、道交法63条1項、67条1項などの規定によって、当該車両に停止を求めて検問することができます。しかし、不審な点の有無にかかわりなく車両のすべてに停止を求めることの法的根拠の有無については、説が分かれていました。
本裁判は、一斉検問について、警察法2条1項を基礎とし、これに加えて自動車運転者の社会生活上の地位に伴う責任などを指摘したうえ、適法であるとしました。いろいろな問題を含む自動車検問についての最高裁の初めての判断として重要な判例です。

一般検問の
根拠です

結論は
これじゃ!!

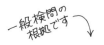

警察法2条1項が「交通の取締」を警察の責務として定めていることに照らすと、交通の安全及び交通秩序の維持などに必要な警察の諸活動は、強制力を伴わない任意手段による限り、一般的に許容されるべきものであるが、それが国民の権利、自由の干渉にわたるおそれのある事項にかかわる場合には、任意手段によるからといって無制限に許されるべきものでないことも同条2項及び警察官職務執行法1条などの趣旨にかんがみ明らかである。しかしながら、自動車の運転者は、公道において自動車を利用することを許されていることに伴う当然の負担として、合理的に必要な限度で行われる交通の取締に協力すべきものであること、その他現時点における交通違反、交通事故の状況などをも考慮すると、警察官が、交通取締の一環として交通違反の多発する地域等の適当な場所において、交通違反の予防、検挙のための自動車検問を実施し、同所を通過する自動車に対して走行の外観上の不審な点の有無にかかわりなく短時分の停止を求めて、運転者などに対し必要な事項についての質問などをすることは、それが相手方の任意の協力を求める形で行われ、自動車の利用者の自由を不当に制約することにならない方法、態様で行われる限り、適法なものと解すべきである。

事例をみてみよう こんなことがありました パートⅣ

（札幌高判平4.7.21）

1. 甲が覚醒剤を自ら注射した際、気分が悪くなったことからホテル内のサウナで抜こうと思い、日帰りサウナに入ったところ錯乱状態となり、他人の部屋のドアを開けようとしたり、半裸で館内をウロウロするなど、大騒ぎをして他者に迷惑をかけるような状況になった。

2. これより少し前、ホテルの警備員がエレベーター横に男物の衣服が置かれているのを発見し、忘れ物としてフロントに届けたところ、衣服の中から注射器等、覚醒剤の使用が疑われる物を発見し、ロビー等で騒ぐ甲を見たホテル従業員が、甲が覚醒剤を使用して錯乱したものと考え、110番通報した。

3. その後、甲はホテル従業員に声をかけられるとおとなしくなり、椅子に座っていたが、警察官が到着すると、いきなり立ち上がって走り出し、ホテルの出入口ドアに二度三度と激しく体当たりをし、それを止めようとした警察官を振り切って外に飛び出した。

4. 警察官は甲を追いかけ、ホテル前で追いつくと、暴れる甲ともみあいになり、路面に倒れ込み、警備員も入って4人で押さえたが、それでも甲は抵抗を止めなかったため警察官らはその場で甲を押さえ続けた。その後、駆けつけたパトカーに甲を乗せて警察署に同行した。

5. ところが、甲が走行中のパトカーから半身を出して逃げ出そうとしたことから、甲の浴衣を引っ張り、足を押さえて落ちないようにし、車を止めて抱きかかえていったん車から降ろし、再び車に乗せて走りだした。その際、甲を車の床にうつ伏せにし、3人がかりで甲を押さえつけた。

6. 警察署に到着後、警察官らは甲の両腕を抱きかかえるようにして車から降ろし、両腕を両側からつかみ、後ろから腰を押さえて、暴れることができない状態で甲を歩かせ、警察署の刑事課まで同行し、担当の刑事に引き継いだ。

裁判所の判断

↙ 保護の措置は適切であったと

警察官らがホテルに到着した際、甲は、警察官らの姿を認めて逃走し、複数回に及ぶ自動扉への危険で激しく体当たりし、制止しようとする警察官らに対し異常に激しく暴れたこと、そして厳冬2月の深夜に浴衣1枚で戸外を逃げようとする行動、更にはその後にも走行中の車から窓を開けて身体を乗り出して逃げようとした（結果、車外に宙づりになった）行動に及ぶ等、一連の異常かつ危険な行動に及んでいるのである。それに対し警察官らは、事情聴取するため、1階ロビーにいた甲に近づいて声を掛けたところ、甲が、いきなり逃走する行為に出て、前記のような異常かつ危険な行動に及ぶのを現認し（なお、右状況に照らし、甲に自傷・他傷のおそれがあったことは明らかである。）、とっさにこのような甲を放置できないと考え、やむなく暴れる甲を制圧して車に乗せ、そして車の走行中、甲が危険な逃走を図ったので、以後車内でも甲を制圧した上、とりあえず警察署へ連行した等の措置は、客観的には警察官職務執行法3条1項1号に該当し、必要な保護の措置として是認しうる。

↙ たとえ警察官が法的な判断をしていなくても
　その行動自体は許容されると

警察官らは、自分たちが執った保護の措置が警察官職務執行法3条所定の保護の措置に当たるとの明確な法的判断に基づいて措置に及んだものでなく、したがって、その後の警察署での甲に対する手続も保護対象者に対するそれとは異なる点もうかがわれるが、しかし、警察官らは、その法的判断の点はともかく、甲について、保護を必要とする具体的状況があることを十分認識した上、このような状況に応急的に対処するため、客観的にも保護として是認しうる内容の措置を講じたと認めることができるから、結局、この措置は、警察官職務執行法3条所定の職務執行としての実質を有するものと解することができる。

↙ 結果的に
　証拠としてOKになりました

第一審の判決は、甲に尿の提出を求めた経緯等に関し、警察官らの原審証言が食い違っていることなどを指摘するところ、確かに、警察官らの証言にはこれらの点について食い違っている部分もあるが、第一審の判決が説示するように、「ばらばらに食い違うばかりか、それぞれの証言自体も、各所で矛盾を露呈している」とまで評価するのは失当であり、「事実認定できない」などと結論するのは、短絡にすぎるというほかない。
注射器は、甲から任意提出を受けて鑑定に付されたものであるところ、甲は、本件起訴にかかる覚醒剤使用の犯行に際し、この注射器を使用して覚醒剤水溶液を左腕部に注射した旨捜査官に自白していたことも記録上明らかであるから、鑑定書が甲の自白の真実性を担保するに足りる補強証拠であることは明らかである。
そうすると、第一審判決が、「鑑定書に証拠能力が認められない以上、その余の証拠は、甲の自白の真実性を担保するに足りない」などと判断して、鑑定書等が補強証拠に当たることを否定し、これらを事実認定の資料から排除したのは誤りであり、第一審判決にはこの点でも、判決に影響を及ぼすことが明らかな訴訟手続の法令違反がある。

事例をみてみよう こんなことがありました パートV

（福岡高那覇支判平15.3.25）

1
警察官が甲宅に臨場した際、甲はある程度の興奮状態にあり、兄に腕を押さえられて大声で罵倒されていたが、甲の態度は落ち着いており、質問にも素直に答え、「眠れない」などと繰り返し答えるだけで、異常な挙動は認められなかった。

2
甲は薬物の影響で普段から家族内での素行が悪く、姪に「裸になれ」と言うなど異常な挙動をしていたことから、家族から甲を逮捕するよう要請があるなど険悪な雰囲気であったこともあり、警察官が「このままではけんかになるだろうから、署に同行する」と言ったところ、甲は素直に応じ、到着したパトカーに自ら乗り込んで署に向かった。

3
警察官と甲が警察署に到着後、精神錯乱状態にある甲に対し保護の必要性があると判断し、保護室に収容して施錠をした。それに対し甲は、素直に応じ、保護室の中に入り、大人しく横臥を続けた。

4
甲は約10時間、保護室の中にいたが、その間、静かに横になっており、一度も騒ぐことがなかった。
警察官は甲の保護を解除した後、甲を署の相談室に同行した。

5
保護解除後、10時間保護していた保護室と同じ2階の約10メートル離れた場所にある相談室に甲を同行し、そこで、任意採尿に応ずるよう説得したところ、渋々であったが了承した。

6
甲は2階にあるトイレまで行き、小便器のところに置いた容器に小便をしようとしたが、甲は、尿の量が少なければ覚醒剤の成分が出ないと考え、大量の小便が出るにもかかわらず少量しか出さなかったため、警察官が「もっと出すように」と促した。しかし、甲は尿を少ししか出さなかったため、採尿を打ち切って甲は帰宅した。

裁判所の判断

まず、保護は違法と判断

甲に対する保護の手続は、甲が精神錯乱の状態にあったとは認められず、警職法3条1項1号所定の要件を欠く違法なものであり、施錠された保護室に甲を収容することにより、10時間以上もの長時間にわたり、直接的かつ物理的に甲の身体を拘束し、その人身の自由に対し多大な制約を与えたものであるという保護の態様からすれば、その違法性の程度は大きいといわざるを得ない。

地域課長

続いて、採尿手続もよろしくなかったと判定

採尿手続は、それ自体違法ではないが、保護の解除後から間をおかずになされており、保護手続と採尿手続が完全に分離されていたとは言い難く、先行する保護手続を事実上利用して行われていることは否定することができないから、採尿手続の適法性の判断に当たっては、保護手続の違法性を考慮すべきである。

刑事課長

しかしながら

保護はまずかったけれども、だからといって採尿そのものがダメなわけではないという結論になりました

しかしながら、保護手続は、覚醒剤使用事犯の捜査に利用する意図ないしその目的で行われたものではなく、採尿手続そのものは保護の解除後に新たな意思の確認及び承諾という手順を踏んだ任意のものであるから、保護手続の違法性が採尿手続の適法性の判断に直接的に影響すると考えるのは相当ではなく、保護手続の違法は、令状主義の精神を潜脱し、没却するような重大なものとはいえない。したがって、尿の鑑定書の証拠能力は認められる。

事例をみてみよう こんなことがありました パートⅥ

（最決平15.5.26）

1
ホテル（ラブホテル）に宿泊した甲が、チェックアウトの時間になってもチェックアウトせず、多量の飲料水を購入して飲んでいるなどの状況から、従業員が薬物使用の疑いをもった。そして、従業員が再三にわたって連絡をとり、ドアをノックするなどしたが「うるさい」と怒鳴り、わけの分からないことを言う状況であったことから、110番通報して警察官の臨場を要請した。

2
警察官は従業員から、甲が一見ヤクザ風の男で、一人で宿泊し、多量の飲料水を購入して飲んでおり、入れ墨をしていて、意味不明の言動があるなどの申告を受け、それを聞いた警察官が、従業員の了解を得て、無施錠であった外ドアを開け、内玄関に入り、「お客さん。お金を払ってください」と声をかけた。

3
警察官が声をかけると甲が内扉を開けて姿をみせた。甲は全裸で入れ墨をしており、警察官の姿を見ると、あわてた様子でドアを閉めたことから、職務質問を継続するために内扉のあたりまで足を踏み入れて甲が内側から押さえている内扉を押し開け、内扉の内側に入って、甲に対する職務質問を行おうとした。

4
その際甲が、両手を振り上げて殴りかかろうとしてきたことから、警察官らが両手をつかみ、甲を押さえつけながら、ソファに座らせ、甲の足を警察官が両足で挟んで押さえつけるようにして座らせた。その時甲を見ると、右腕に注射痕があった。

5
警察官は、甲の目がつりあがり、意味不明の言動をしていること、室内に注射器が落ちていたこと、甲の右腕に注射痕があるなどの状況から、甲の覚醒剤使用を疑い、専務員を要請した。その間、甲が暴れるため、引き続き甲をソファに押さえつけた。

6
専務員が臨場し、覚醒剤が入っていると思われる財布があったことから、「中を見せてもらってもよいか」と言ったところ、甲はうつむいてうなずいたことから、了承したものと判断し、財布の中を調べたところ白色粉末が入ったパケがあり、予試験を実施したのち、陽性反応を得て甲を逮捕した。

裁判所の判断

警察官が内扉の敷居の辺りまで足を踏み入れた措置について

一般に、警察官が警察官職務執行法2条1項に基づき、ホテル客室内の宿泊客に対して職務質問を行うに当たっては、ホテル客室の性格に照らし、宿泊客の意思に反して同室の内部に立ち入ることは、原則として許されないものと解される。

しかしながら、甲は、チェックアウトの予定時刻を過ぎても一向にチェックアウトをせず、ホテル側から問い合わせを受けても言を左右にして長時間を経過し、その間不可解な言動をしたことから、ホテル責任者に不審に思われ、料金不払、不退去、薬物使用の可能性を理由に110番通報され、警察官が臨場してホテルの責任者から甲を退去させてほしい旨の要請を受ける事態に至っており、甲は、もはや通常の宿泊客とはみられない状況になっていた。そして、警察官は、職務質問を実施するに当たり、客室入口において外ドアをたたいて声をかけたが、返事がなかったことから、無施錠の外ドアを開けて内玄関に入ったものであり、その直後に室内に向かって料金支払を督促する来意を告げている。これに対し、甲は、何ら納得し得る説明をせず、制服姿の警察官に気付くと、いったん開けた内ドアを急に閉めて押さえるという不審な行動に出たものであった。このような状況の推移に照らせば、甲の行動に接した警察官らが無銭宿泊や薬物使用の疑いを深めるのは、無理からぬところであって、質問を継続し得る状況を確保するため、内ドアを押し開け、内玄関と客室の境の敷居上辺りに足を踏み入れ、内ドアが閉められるのを防止したことは、警察官職務執行法2条1項に基づく職務質問に付随するものとして、適法な措置であったというべきである。

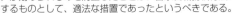

財布等の所持品検査について

財布に係る所持品検査を実施するまでの間において、甲は、警察の許可を得て覚醒剤を使用している旨不可解なことを口走り、手には注射器を握っていた上、覚醒剤取締法違反の前歴を有することが判明したものであって、甲に対する覚醒剤事犯（使用及び所持）の嫌疑は、飛躍的に高まっていたものと認められる。また、こうした状況に照らせば、覚醒剤がその場に存在することが強く疑われるとともに、直ちに保全策を講じなければ、これが散逸するおそれも高かったと考えられる。そして、眼前で行われる所持品検査について、甲が明確に拒否の意思を示しておらず、所持品検査の態様は、床に落ちていたのを拾ってテーブル上に置いておいた財布について、二つ折りの部分を開いた上ファスナーの開いていた小銭入れの部分からビニール袋入りの白色結晶を発見して抜き出したという限度にとどまるものであった。以上のような具体的な諸事情の下においては、本件所持品検査は、適法に行われたと解するのが相当である。

ソファに約30分にわたって全裸のまま押さえつけた行為について

許容限度を超えているがやむを得ない措置であった

甲をソファに押さえつけた行為については、職務質問に付随するものとしては、許容限度を超えており、そのような状況の下で実施された上記所持品検査の適否にも影響するところがあると考えられる。しかし、甲が警察官に殴りかかった点は公務執行妨害罪を構成する疑いがあり、警察官らは、更に同様の行動に及ぼうとする甲を警察官職務執行法5条等に基づき制止していたものとみる余地もあるほか、甲を同罪の現行犯人として逮捕することも考えられる状況にあったということができる。また、警察官らは、暴れる甲に対応するうち、結果として前記のような制圧行為を継続することとなったものであって、警察官らに令状主義に関する諸規定を潜脱する意図があった証跡はない。したがって、甲をソファに押さえつけたが職務質問に付随するものとしては許容限度を超えていたとの点は、いずれにしても、財布に係る所持品検査によって発見された証拠を違法収集証拠として排除することに結び付くものではないというべきである。

事例をみてみよう こんなことがありました パートⅦ

（最決平3.7.16）

1. 110番通報を受けた警察官が駅のホームに駆けつけると、甲が大声を出して暴れていたため、警察官が止めようとしたところ、甲は鉄柱や警察官の足にしがみつくなどして激しく抵抗し、氏名、住所等の質問にも全く答えなかった。

2. 警察官は甲を精神錯乱者と認め、保護することとし、到着したパトカーに乗せて署まで同行を開始したが、その間に甲は「覚醒剤を打った。助けてほしい」などと口走り、騒ぐことをやめなかった。

3. 署に到着後、甲を保護室に入れたが、その後も全裸で大騒ぎするなど、異常な言動が続いたことから、薬の影響による精神錯乱と判断し、精神鑑定を依頼した。

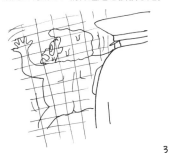

4. 署を管轄する保健所に連絡し、鑑定を依頼したところ、精神保健科の指定医が「覚醒剤中毒の疑いがあるため、入院の必要性がある」との連絡があった。
警察官は、入院をさせる際、甲の覚醒剤使用の事実を明らかにするため、強制採尿の令状請求を行った。その時甲は、薬物の影響で意識がない状態であった。

5. 警察官は令状発付後、保護室内で甲の名前を呼ぶなどしたが応答がなく、任意採尿に応ずるように言っても目を開けることなく寝ており、服を着るように言っても応じなかったため、毛布でくるんで病院に搬送した。

6. 病院に到着後も甲は目を開けず、任意採尿にも応じなかったことから、医師による強制採尿を実施し、採尿した尿を鑑定した。甲は、その後、当該病院に入院したが、その後も丸1日意識が回復せず、2日後になってようやく意識が戻った。意識回復後、甲を逮捕した。

裁判所の判断

状況はこうでした

甲は、夜、駅ホームで上半身を乗り出し大声で訳の分からないことをわめいているところを、駆けつけた警察官により保護された。その際、甲は、ホームや鉄柱あるいは警察官の足にしがみつくなどして暴れ、氏名、住所を聞かれても答えず、また、警察署に搬送される途中「覚醒剤を打った、海へ捨てて殺してくれ」などと口走っていた。甲は、警察署の保護室に精神錯乱者として保護されたが、保護室に入室するとシャツ１枚のみ、パンツ１枚のみあるいは全裸となって奇異な行動に及び、朝になってもこれがやまなかったことから、警察としては、保護解除は困難と考え、保健所に甲の精神鑑定を依頼し、午後に至って、精神保健指定医から甲に覚醒剤中毒の疑いがあり、入院の必要がある旨いわれたため、その手続を進める一方、甲が保護時覚醒剤を使用した旨口走っており、左腕内側に注射痕があったことや保護中の言動により、甲が覚醒剤を使用しているとの疑いをもち、甲には正常な判断ができないため、任意採尿では任意性の確保が困難とみて、強制採尿手続による準備をした。そして、さらに医師から、甲は薬物による中毒症状で、意識が戻るのに２日間くらいかかる旨いわれたため、令状を得たうえ、保護室内において、甲に対し、名前を呼び、体を揺するなどした後令状を示し、「覚醒剤を使用しているかどうか検査するので小便を出してくれるか」と尋ねたが、甲は目を閉じたまま身動きしなかったため、自然排尿は無理と考え、強制採尿のため病院に行くので、着衣を身に着けるよう指示しても身動きしない甲に毛布を着せ、病院に搬送し、病院において警察官及び医師が任意排尿を促したが、甲の返答がなかったため、医師による本件強制採尿に至った。甲はそのまま入院し、少なくとも丸１日は意識が回復せず、同年５月８日退院したことが認められる（甲は上記質問や本件強制採尿を記憶していない。）。

意識がないからといって強制採尿ができないわけではないと判断されました

弁護側は、精神錯乱状態を来して、自己の刑事訴追に対して正当な防禦権を行使しえない状態にある者に対しては、いかなる令状によろうと絶対に強制採尿は許されないともいうが、それは独自の見解であって、失当であることはいうまでもない。

次に弁護側は、甲は警察署の保護室内で尿を失禁して下着を汚していたから、これを押収して鑑定すること、強制採尿された後も丸１日病院のベッドに横臥して昏睡状態にあったから、右ベッドにドレーンパックを取り付けて甲の尿を採取することなどの代替手段があった旨主張する。尿失禁の点については、下着に付着したものがその時期の甲の尿であることが定かでないうえ、仮にその下着から覚醒剤成分が検出されたとしても、これが他から混入したものでないとはいい切れない。

また、ベッドにドレーンパックを取り付けて尿を採取する方法については、甲にはこれらを使用する必要がなく、かつ、これを使用するとかえって危険であったことが認められるうえ、これらは導尿管を尿道から膀胱に差し入れて尿を採るという重要な点において、本件強制採尿と異ならないから、これを代替手段というのは適当でない。

その他、弁護側が主張する、甲の意識の回復を待つ方法は、覚醒剤成分が急速に体外に排出されるとされていること、未だ摂取時期も不明であったこと、警察署ないし病院で甲を克明に観察し、便器に排尿した場合（外からボタンを押さない限り尿は流れない）にこれを鑑定する方法は、甲が意識不明で便器への排尿が必ずしも期待できなかったこと、医師に利尿剤を注射してもらって排尿を待つ方法は、それ自体問題であって、いずれも代替手段として適切であるとはいえない。

以上のとおり、本件強制採尿は他に適当な代替手段も見当たらず、犯罪の捜査上真にやむをえない場合に該当するものと解するのが相当であって、これに違法のかどはなく、鑑定書の証拠能力は否定できないから、弁護側の論旨は理由がない。

事例をみてみよう こんなことがありました パートⅧ

（福岡高判平4.1.20）

1 甲がAとホテルに宿泊した際、甲が鏡の前に立って、「虫がいる」などと言ってスプーンで目をほじったり体毛をそったりするなどの言動があったことから、Aが覚醒剤の使用を疑い、甲の態度に畏怖し、身の危険を感じ、ホテル従業員に110番通報を依頼した。

2 警察官が到着し、チャイムを押したところ、ドアが開き、Aがおびえた様子で姿を見せたことから、室内に入る旨を告げると、Aと従業員が同意し、警察官が部屋に入ると同時に、Aは室外に逃れる形で退避しその後、警察官が甲に職務質問をするために、室内の奥に入っていった。

3 警察官が室内に入り、内扉を開けて、更に中に入ると、甲が上半身裸でタオルを巻いて立っており、錯乱状態ではなかったが、口の周りをかきむしって赤くなっており、Aの名前を繰り返し呼びながら室内をウロウロするなど、落ち着きのない状態であった。

4 その間、甲はしきりに室内のベッドの枕元に置いてあるバッグの方に視線を走らせるなどの挙動があり、事情聴取に当たった他の警察官が、Aから「甲が覚醒剤を使用しています」と告げられ、覚醒剤はバッグの中にある旨の情報を入手し、それを甲の職務質問に当たっている警察官に伝達した。

5 警察官がバッグを外側から確認すると、バッグの背面ポケットに注射器があるのを発見したことから、警察官がバッグを手にとり、「ポンプがあるじゃないか」と追及したところ、「インスリンを注射してたんだ」と答えたので、バッグの中を見せるよう説得したが、甲は頑なにこれを拒否した。

6 警察官が甲に対し、説得を続けたところ、甲が「勝手に見ろ」と言ってそっぽを向いたことから、甲が了承したと判断し、バッグのチャックを開けて中を確認したところ、覚醒剤様の粉末を発見したことから、専務員を要請し、予試験後、甲を逮捕した。

裁判所の判断

ホテル室内への立ち入りの適法性について

ホテル等に宿泊する者のプライバシーが守られなければならないことは当然であるが、客室において、犯罪行為がなされている疑いがある場合や不穏当な言動をする者がある場合には、ホテル等の施設側にも、その管理権に基づき、その客室に、その宿泊者の意に反して自ら立ち入って事情を聴取し、あるいは警察官に通報して、その立ち入りを許し、犯罪の嫌疑等の解明をその職務質問に委ねることができるものと解される。

本件の場合、警察官等は、甲と同宿者Aの110番要請に基づき、ホテルの管理者の案内と承諾のもとに、Aを救護しかつその間の事情を聴取するために客室に立ち入ったのであって、何ら違法な点はなく、また、Aが警察に保護を求めた経過や、甲の口の周りがかきむしったように赤くなっていることなどの甲に覚醒剤の使用及び所持が疑われる状況下においては、警察官において、甲に対し職務質問をする必要性が優に認められるのだから、たとえ居住者である甲から退去の要請があっても、警察官は、職務質問に必要な時間はその場に留まって事情を聴取することができるというべきである。

所持品検査及び覚醒剤押収手続きの適法性について

警察官出動の経緯や現場におけるAの言動及び甲の態度などから職務質問をなすべき要件は備わっていた上、事案の内容に鑑みれば所持品検査の必要性があったことはいうまでもなく、さらに、現場はいわゆるラブホテルの一室であって甲の所持品はほとんどなかったこと、Aの供述及び覚醒剤の自己使用に甲が用いたものと推認される注射器の発見により、甲がバッグ内に覚醒剤を所持していることの蓋然性が客観的にも極めて高く、これを放置すれば覚醒剤を遺棄するなどして罪証を隠滅される可能性が大であったことに鑑みれば、緊急性も認められるというべきである。

また警察官らが実際に行った所持品検査は、例えば甲が抵抗するのを押し止めたり、その身体に手を掛けて探り、あるいは着衣のポケットに手を突っ込んで内容物を取り出すというような甲に対して直接有形力を行使する態様のものではなく、甲の手から離れた場所に置かれていたバッグを、甲の面前に持ち出し、物入れポケットから覗いていた注射器を抜き取り、かつ既にホックが外れた状態になっていた上蓋を開披してバッグの内部を一瞥するというに留まり、いずれにしても捜索に至らない程度の強制にわたらない行為であったと認められる。

したがって、甲が蒙る法益侵害の程度は小さいものである反面、所持品検査によって、発見される蓋然性が高かったのは覚醒剤であって、その保健衛生上の危険や、社会に対する害悪等の公共の利益と対比すれば、本件における警察官らの所持品検査は、右具体的状況のもとで相当な行為であったと認められるから、たとえ事前に甲の承諾がなくても本件所持品検査は適法なものというべきである。

事例をみてみよう こんなことがありました パートIX

（福岡高判平7.3.23）

1. 別れた妻の自宅に「刃物を持って元夫の甲が来そうだ」という通報を受け、急行したところ、甲が乗車する車を発見したが、急発進して逃走した。その後、元妻の妹宅から出てきた甲を発見し、職務質問しようとしたところ、いきなり刃物で警察官に切りつけて負傷させ、刃物を振り回して暴れ、取り押さえようとした警察官を振り切って元妻の妹宅に逃げ込んだ。

2. 警察官が甲のあとを追い、妹宅内で甲を逮捕しようとしたが、甲は刃物を振り回して抵抗し、警察官が特殊警棒で制圧しようとしたができず、さらに甲がタンスなどを動かしてバリケードを作って抵抗を強めていった。その後、甲は妹宅から外に走り出て、近くのタクシー会社に入り、駐車していたタクシー運転手を刃物で脅して外に出し、自らが運転席に乗り込んだ。

3. 警察官は、運転席窓から警杖を差し込んで甲の顔や胸を5、6回突いたり、特殊警棒でたたくなどしたが、甲は全くひるむことなく、車のエンジンを激しくふかし、発進の気配を見せるなどの状況が続いた。

4. 警察官は、甲をこの場で制圧逮捕するためには、拳銃を使用するしかないと判断し、拳銃を構えて「止まれ、止まらんと撃つぞ」と大声で数回警告したが、甲は応ずる気配を見せなかったため、やむなく車の前輪に向けて3発発砲（タイヤがパンク）したが、甲はそのまま発進して逃走した。

5. 甲は、交通違反を繰り返しながら逃走したが、パンクをしたタイヤがバーストして運転不能となり道路の脇に停車したところ、検索中の警察官が発見し、車から降りようとする甲を車内にとどめるために、ドアを押さえながら、車の窓越しに刃物を振り回す甲と特殊警棒で格闘した。

6. このとき、現場の警察官は、自分が一人であったこと、甲を車外に出せば、通行人等に危害を与えるおそれがあったこと、このまま甲を車内にとどめておく必要があったことなどから、拳銃使用の必要性を決断し、甲の刃物を持つ右腕に向けて拳銃を構え、発射したところ、銃弾が甲の腰部まで達し、甲が死亡した。

裁判所の判断

　警察官が甲と渡り合っていた時間は最大限でも3分程度であり、拳銃のみで応戦していたとしても必ずしも不自然とはいえないこと、目撃者のA及びBは、警察官とも甲とも全く面識がなく、なんらの利害関係も窺えないうえ、本件のような極めて特異な状況を目撃した者としては記憶が鮮明に残るものと解されるから、その信用性は高いというべきであるところ、同人らは、警察官が特殊警棒で応戦するのを全く目撃していないこと、Aの供述するところの2号車にあった棒状のものが、その形状や残留された状況などを考慮すると、特殊警棒であったと見るのが自然であることなどを併せ考慮すると、警察官が特殊警棒で応戦しなかったことは優に認められ、この点において原判決は、特殊警棒で応戦した点の有無につき事実を誤認しているが、特殊警棒での応戦の有無は、要するに、警察官の本件発砲の相当性判断の一資料にすぎず、警察官がまず特殊警棒で応戦しなければ、直ちに本件発砲が違法となるものではないところ、警察官の特殊警棒は重量約280グラム、伸ばした長さ約40.5センチメートルの金属性の棒であり、堅いものにあたると縮んでしまうこともあり、甲がそれまで何回も警察官の制圧を振り切っていることや、本件発砲現場での抵抗状況からみても、警察官が特殊警棒を使用しても甲を容易に制圧、逮捕できたとは考えられず、本件発砲の相当性を判断するにあたって重視すべきでないから、右の点は判決に影響を及ぼすものではない。

　本件発砲当時の甲の姿勢を正確に認定することはできないが、甲は、車で逃走を図ったものの、警察官が撃った弾丸がタイヤに命中し、それ以上の走行が不能となったため、車から降りてさらに逃走しようとして、警察官に刃物を突き出していたものと認められるから、弁護側が主張するように車内の運転席に座った状態であったとは到底考えられない。
　そして、AやBの供述によれば、警察官は、甲が刃物を繰り出すので、その都度、飛びのいたり前進したりを繰り返しながら、右足でドアを押さえ付けたりしていたことが認められること、甲は車外に逃走しようとしていたと推認できること、本件発砲時における甲の右腕の角度などを併せ考慮すると、甲がドアと車体の間から刃物を繰り出して一段と激しく攻撃してきた時に、甲の右腕の肘関節部分に狙いを付け、銃口の延長線を運転席床に向けて弾丸1発を発射したという警察官の供述を否定することはできないというべきである。
　そうすると、結局、甲が運転席ドアを押し開けて車外に出る姿勢を示し、運転席ドアと車体の間から警察官の胸目掛けて右手に持った刃物を突き出した時に、本件発砲行為がなされたという点において、原判決の認定は相当である。

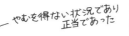

　以上によれば、甲は、タクシー車庫で警察官から3発の射撃を受けながら、何ら怯むことなく、車を強奪して逃走しており、さらに、本件現場で、警察官が拳銃を示して、数回警告を発したが、なお、抵抗をやめず、むしろ、却って逆上したように激しく刃物を突き出してきたものであって、警察官が甲の刃物を取り上げ、逮捕するために、甲の右腕を狙撃するしかないと判断したことは、合理的な判断であったものというべきである。
　そうすると、警察官の本件発砲行為は、警職法7条にいう凶悪犯人である甲が、警察官の職務の執行に抵抗し、逃亡しようとしたので、市民に対する危険性もあって、これを防ぎ、逮捕するための必要かつ相当な職務行為と認められるので、警職法7条の要件を満たす適法な武器使用と認められ、刑法35条に定める正当な職務行為として違法性が阻却されるから、原判決の判断に誤りはない。

事例をみてみよう こんなことがありました パートⅩ

（最決平11.2.17）

1 甲はのどかな田舎町に転居してきたが、無職で、付近を散歩するのを日課としていた。しかし、甲の風体が特異であり、時折奇妙な言動を繰り返すことなどから、付近の住民が怖がり、地元の警察官にどんな男か確認してほしいとの要望が寄せられていた。

2 某日、警察官が散歩中の甲を発見したことから、直ちに職務質問をしたところ、甲が反転して逃げたため、これを追跡したが見失い、その後、付近を検索していたところ、物陰から折りたたみ式の果物ナイフを持った甲が現れた。

3 それを見た警察官が拳銃を取り出して構え、「ナイフを捨てろ」と警告すると、甲はナイフを振り回した後、再び逃走、追跡した警察官が甲に追いつくと、甲がナイフを再び振り回して反抗したため、警察官が拳銃を構えて発砲したところ、甲がまた逃走した。

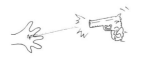

4 甲は、拳銃の発砲により左手を負傷したまま逃走、警察官が甲を追跡して甲に追いつくと、甲は2、3度ナイフを振り回した後、その場にあった杭（稲を干す棒）を拾い上げ、特殊警棒で応戦する警察官に殴りかかった。

5 警察官は特殊警棒を使用して甲を制圧しようとしたが、特殊警棒を打ち落とされ、素手になった警察官を棒で甲が何度も殴りつけて負傷（全治3週間の打撲等）させ、警察官が杭がたくさん置いてある場所に追い込まれた状況になった。

6 この状況下において警察官は、再び拳銃を取り出して構え、甲の左大腿部をねらって弾丸を1発発射したところ、弾が甲の左胸部に命中し、失血のため甲がその場で死亡した。

裁判所の判断

甲の手を撃つまでの状況はこうじゃ

甲は、大学在学中にてんかん等と診断され、大学を中退してビル清掃会社や海運会社で勤務していたが、仕事の内容が性格に合わなかったことなどから、その後、職に就かず、1箇月ほど前から、画業や風景を求めて、散策するのを日課としていた。他方、住人らは、甲が歩き回る姿を毎日のように見掛けるようになったが、その目的が分からない上、無愛想で目つきが鋭く、自動車等による騒音に対し両手で両耳を押さえるような奇妙な仕草をするところから甲に警戒の念を強め、警察に警戒を要請していた。

警察官は、甲の身元を確かめ、場合によっては駐在所に同行して家族の者に連絡し、歩き回らせないようにする必要があると考え、甲を発見した際、甲に住所等を尋ね始めたところ、甲が急に逃走した。警察官は、一時その行方を見失ったものの、小道にいる甲を発見し、接近すると、甲は折り畳み式果物ナイフを、右手に持っていた。警察官は、拳銃を取り出し、これを甲へ向けて右腰の前に構え、「ナイフを捨てろ。はむかうと撃つぞ。」などと言ったところ、甲は、右ナイフを数回振り下ろして反撃の姿勢を示した後、逃走した。

その後、警察官は甲を銃砲刀剣類所持等取締法違反及び公務執行妨害の現行犯人として逮捕すべく追跡し、路上で甲に追い付き、「ナイフを捨てえ。」と叫んだところ、甲が振り向いて、右手に持った前記ナイフを振り回すようにして反抗したため、拳銃を取り出して弾丸1発を発射し、その弾丸が甲の左手小指及び左手掌に命中した。路上で警察官が甲に追い付いてから発砲するまでの時間は約20秒であった。

さらにこうじゃった

死亡させた状況

警察官は、拳銃をいったんケースに収めた上、さらに、逃げる甲を追って田んぼに至ったところ、甲は、「すなや、すなや（するなの意）。」と言って後ずさりしながら、右手に持った前記ナイフを2、3度振り下ろし、さらにその場にあった杭（長さ約171.5センチメートル、重量約500グラム、直径の最大部分約3.2センチメートル、最小部分約2.2センチメートル）1本を拾い上げてこれを両手に持ち、特殊警棒で応戦する警察官目掛けて振り下ろしたり振り回したりして殴り掛かり、警察官が特殊警棒を落とすや、なおも前進しながら、杭で警察官に対し同様に所構わず殴り掛かる攻撃を加え、これに対し、警察官は後退しながら腕で頭部を守るなどして甲の攻撃を防いでいたが、安静加療約3週間を要する両前腕打撲、右大腿・下腿打撲擦過傷、両肩打撲の傷害を負い、その場に積んであった杭の山に追い詰められた形となったため、拳銃を取り出して甲の左大腿部をねらって弾丸1発を発射し、その弾丸が甲の左胸部に射入する暴行を加え、甲を死亡させた。

なお、前記杭の山の左右は開かれており、警察官において左右に転進することは地理的にも物理的にも十分可能であり、また、右田に入ってから警察官が発砲するまでの時間は約30秒であった。

以上の事実関係によれば、甲がナイフを不法に携帯していたことが明らかであり、また、少なくとも甲の行為が公務執行妨害罪を構成することも明らかであるから、警察官の発砲行為は、銃砲刀剣類所持等取締法違反及び公務執行妨害の犯人を逮捕し、自己を防護するために行われたものと認められる。しかしながら、甲が所持していたナイフは比較的小型である上、甲の抵抗の態様は、相当強度のものであったとはいえ、一貫して、警察官の接近を阻もうとするにとどまり、警察官が接近しない限りは積極的加害行為に出たり、付近住民に危害を加えるなど他の犯罪行為に出ることをうかがわせるような客観的状況は全くなく、警察官が性急に甲を逮捕しようとしなければ、そのような抵抗に遭うことはなかったものと認められ、その罪質、抵抗の態様等に照らすと、警察官としては、逮捕行為を一時中断し、相勤の警察官の到来を待ってその協力を得て逮捕行為に出るなど他の手段を採ることも十分可能であって、いまだ、甲に対し拳銃の発砲により危害を加えることが許容される状況にあったと認めることはできない。そうすると、警察官の発砲行為は、いずれも、警察官職務執行法7条に定める「必要であると認める相当な理由のある場合」に当たらず、かつ、「その事態に応じ合理的に必要と判断される限度」を逸脱したものというべきであって、本件各発砲を違法と認め、警察官に特別公務員暴行陵虐致死罪の成立を認めるものである。

拳銃を甲に向けて撃つほどの緊急性はなかった、と判断されました

他山の石とせよ

結論はこうじゃ

刑訴法第212条

現行犯人

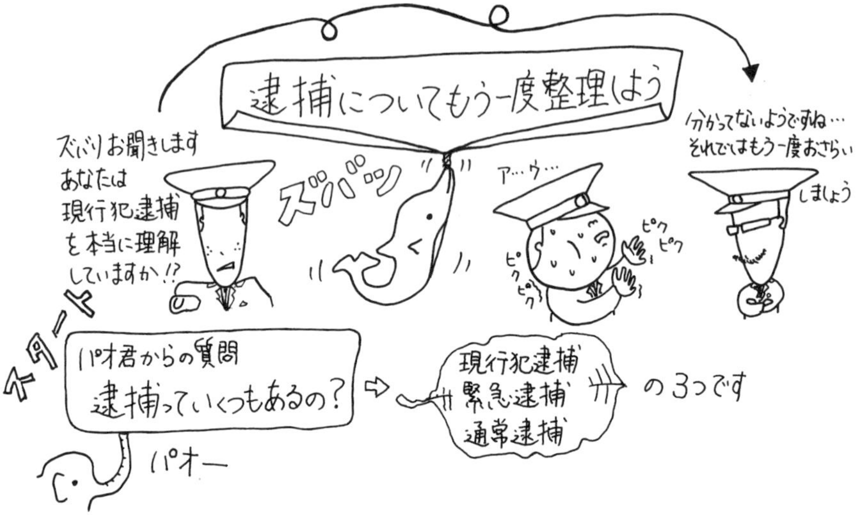

264　刑訴法第212条　現行犯人

逮捕についてもう一度整理しよう

ズバリお聞きします
あなたは
現行犯逮捕
を本当に理解
していますか!?

ズバッッ

ア…ウ…

ピクピクピク

分かってないようですね…
それではもう一度おさらい
しましょう

スタート

パオ君からの質問
逮捕っていくつもあるの？

⇨

現行犯逮捕
緊急逮捕
通常逮捕

の3つです

パオー

私にチカンしたわね

	法　条	逮捕要件	態　様
現行犯逮捕	刑訴法213条	・現に罪を行っている者 ・罪を行い終った者 ・罪を行い終って間がない者	・逮捕状がなくても逮捕できる。 ・警察官だけでなく誰でも逮捕できる。
緊　急逮　捕	刑訴法210条	・被疑者が死刑又は無期若しくは長期3年以上の懲役若しくは禁錮にあたる罪を犯したことを疑うに足りる充分な理由があること ・急速を要し、逮捕状を求めることができないとき	・逮捕後に逮捕状を請求する。
通　常逮　捕	刑訴法199条1項	・被疑者が犯罪を犯したことを疑うに足りる相当な理由があること	・裁判官が発する逮捕状により逮捕する。

さっき
強盗したやつです

エッ？

逮捕する

逮捕についてもう一度整理しよう　265

クーちゃんからの質問一番
いろいろ言われても分からないので重要なので説明してください
→ 現行犯逮捕 について説明します

現行犯逮捕は2つあるよ

本来の現行犯 ↑ 現行犯逮捕 ↓

	法条	態様	要件	時間的・場所的限界
固有の現行犯	刑訴法212条1項	現に罪を行い	・犯罪と犯人の明白性 ・犯罪の現行性	
		現に罪を行い終った者	・犯罪と犯人の明白性 ・時間的接着性の明白性	・30～40分くらいまで。 ・200～300mくらいまで。
準現行犯	刑訴法212条2項	罪を行い終ってから間がないと明らかに認められること	・犯罪と犯人の明白性 ・時間的接着性の明白性 ・個別的要件のうち 　・追呼されているとき 　・贓物等の所持 　・明らかな証拠 　・誰何されて逃走 のどれかに該当	・3～4時間まで。 ・場所的限界は、「ある程度の近接性」が必要。

↗ 要件を満たせば現行犯と認められる

ちなみに
通常逮捕と現行犯逮捕には軽微犯罪に対する特別な規定があるんだよ
簡単に整理しとくね

こういった軽い犯罪 の場合は 逮捕の要件 ⊕ この要件 がないと逮捕できないよ

	法条	制限	要件
現行犯逮捕	刑訴法217条	30万円以下の罰金、拘留又は科料（特定の罪は2万円以下）	・犯人の住居若しくは氏名が明らかでない場合 ・犯人が逃亡するおそれがある場合
通常逮捕	刑訴法199条1項後段		・犯人が定まった住居を持たない場合 ・正当な理由がない場合

通常逮捕、現行犯逮捕が制限される罪（軽微犯罪）の罰則一覧表（抄）

法　条	罪　名	刑
刑　法　106条3号	騒乱付和随行罪	10万円以下の罰金
107条後段	多衆不解散罪	10万円以下の罰金
122条	過失建造物等浸害、過失建造物以外浸害罪	20万円以下の罰金
129条1項	過失往来危険罪	30万円以下の罰金
152条	収得後知情行使罪、収得後知情交付罪	その額面価格の3倍が30万円を超える場合を除く。
187条3項	富くじ授受罪	20万円以下の罰金、科料
192条	変死者密葬罪	10万円以下の罰金、科料
209条1項	過失傷害罪	30万円以下の罰金、科料
軽犯罪法1①〜㉞	建物等潜伏罪ほか	拘留又は科料
酒に酔つて公衆に迷惑をかける行為の防止等に関する法律4条1項	著しく粗野又は乱暴な言動違反の罪	拘留又は科料
5条2項	警察官の制止行為に従わない違反の罪	1万円以下の罰金

僕たちが扱う一般的な犯罪はほとんど軽微犯罪にあたらないんだね

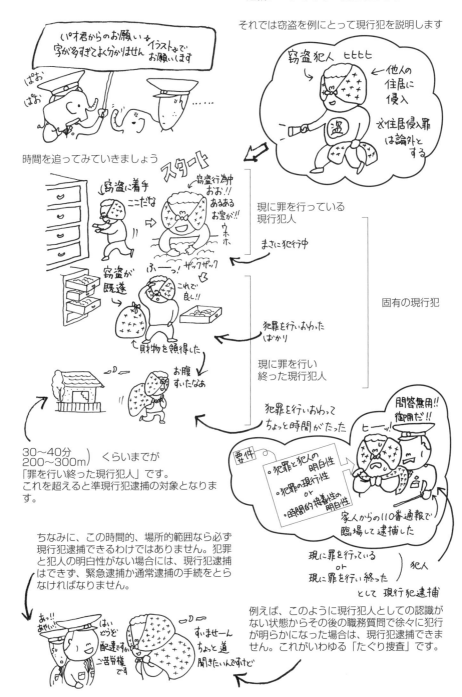

268　刑訴法第212条　現行犯人

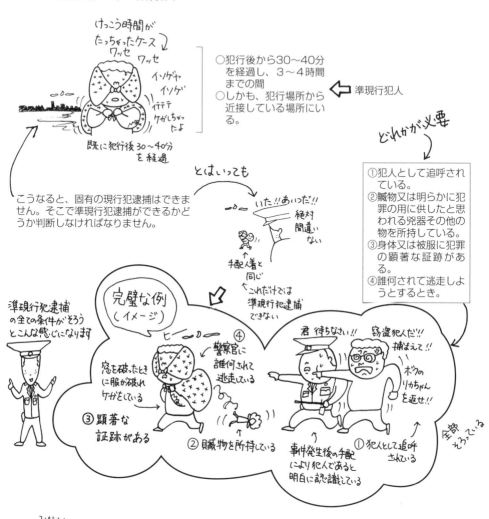

○犯行後から30〜40分を経過し、3〜4時間までの間
○しかも、犯行場所から近接している場所にいる。
← 準現行犯人

どれかが必要

①犯人として追呼されている。
②贓物又は明らかに犯罪の用に供したと思われる兇器その他の物を所持している。
③身体又は被服に犯罪の顕著な証跡がある。
④誰何されて逃走しようとするとき。

なお、犯行後、3〜4時間が経過したあとは、たとえ、明白な犯人を発見したとしても現行犯逮捕はできません。ただし、緊急逮捕・通常逮捕は可能です。

判例から実務を学ぼう

〈現に罪を行っている現行犯人〉

| 1 | 現行犯人の要件の認定は、逮捕時における具体的状況により客観的に判断されるべきである。 |

(最決昭 41.4.14)

◇ 事案の概要

① 午後 11 時 50 分頃、道路上において、警察官が警ら中、甲、乙、丙、丁に職務質問をした際、甲が日本刀の仕込杖を所持していたことから、同人を銃砲刀剣類等所持取締法違反罪の現行犯人として逮捕しようとした。

② そのとき警察官が、甲から乙が何かを手渡されている気配を察知し、甲と乙の間に割り込んだところ、乙の腹のあたりから拳銃が落ちたので、乙も同違反の現行犯人として逮捕しようとした。

270　刑訴法第212条　現行犯人

③ そのとき、乙の逮捕を免れさせようとして、乙、丙、丁が互いに共同して、警察官に暴行を加え、警察官等の公務の執行を妨害した。

判決要旨

　公務執行妨害罪が成立するには、公務員の職務行為が適法であることを要するが、職務行為の適否は事後的に判断されるべきでなく、当時の状況にもとづいて客観的、合理的に判断さるべきである。したがって、たとえ乙の所持が同法違反罪の構成要件に該当せず、事後的に裁判所により無罪の判断をうけたとしても、その当時の状況としては客観的にみて銃刀法違反罪の現行犯人と認められる十分な理由があると認められるから、警察官が乙を逮捕しようとした職務行為は適法であると解するのが相当であり、これを急迫不正の侵害であるとする弁護側の主張は採用できない。

判例から実務を学ぼう　271

　密漁犯人を現行犯逮捕するため、約3時間にわたり追跡を継続した後に逮捕した行為は、適法な現行犯逮捕である。

（最判昭 50.4.3）

◇　事案の概要

① 　漁船監視船A丸は、海上において、甲丸を発見し、約50メートルまで近付いてハンドライトで同船を照らしたところ、船中に潜水服を着た者がいたので、あわびの密漁にきた船であると判断した。

② 　甲丸は、ハンドライトで照らされると、灯火を消し、錨をロープとともに切り捨てて逃走を始めたので、A丸はこれを追跡したが、船足が遅く追跡が困難であったため、付近にいたB丸に事情を告げて追跡を依頼した。

③ 　B丸は、約3時間甲丸を追跡し、甲丸と併航するようになったので、停船するよう呼びかけたが、甲丸は、これに応じないばかりでなく、3回にわたりB丸の船腹に突っ込んで衝突させたり、ロープを流し同船のスクリューにからませて追跡を妨害しようとした。

272　刑訴法第212条　現行犯人

④　その後も甲丸は約3時間にわたって逃走を続けたが、海上保安庁の巡視船が到着したため、逃走を断念した。

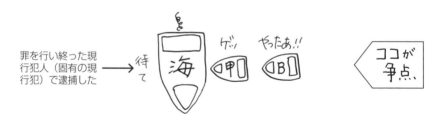

罪を行い終った現行犯人（固有の現行犯）で逮捕した

判決要旨

　甲丸の乗組員は、逃走を始めるまであわびの採捕をしていたものであるが、その場所におけるあわびの採捕は、漁業法第65条〔現119条〕第1項に基づく岩手県漁業調整規則第35条〔現39条〕により禁止されており、6か月以下の懲役の罪にあたることは明らかである。そして、漁業監視船A丸は、甲丸の乗組員を現行犯人と認めて逮捕をするため追跡し、B丸も、A丸の依頼に応じ、甲丸を現行犯逮捕するため追跡を継続したものであるから、いずれも刑訴法第213条に基づく適法な現行犯逮捕の行為である。

代表的な判例ですね

犯行後、3時間を経過しても、と切れることなく追跡・逮捕行為が継続している場合、時間的、場所的制約は受けず、準現ではなく、固有の現行犯（現に罪を行い終った犯人）として逮捕できるという判例です。
この事例は船ですが、これを徒歩やパトカーによる追跡におきかえても、適法な現行犯逮捕になると考えられています。

現行犯人というためには、犯罪が行われたことが、逮捕に着手する直前に、逮捕者に外部的に明白であれば足りる。

(東京高判昭 41.1.27)

◇ 事案の概要

① 定域測定速度違反取締りは、合図係をA、測定係をB、記録係をC、停車係をDがそれぞれ担当し、あらかじめ道路上に一定距離の区間を測定しておき、測定係Bは車両が区間の出口を通過すると同時に測定機を停止させ、記録係Cは測定機のテープを解読し、速度違反の事実があると認めたときは、合図係Aと停車係Dに車両のナンバー、型式、色等を通報し、停車係Dが速度違反の取締りを行おうというものである。

② 本件では、停車係を担当していたD警察官が、速度違反をした甲を取り調べるため、甲が運転する自動車を停止させた上、速度違反の嫌疑があることを告げ、運転免許証の提示を求めた。それに対し甲は、自動車を停止させたが、速度違反の事実を否認し、また、住所、氏名を告げず、運転免許証も提示しなかった。

274　刑訴法第212条　現行犯人

③　そこで、連絡によって現場に来たE警察官が、甲に対し同様の要求をしたが、甲はこれにも応じようとしなかったので、E警察官の指揮により、甲を速度違反罪等の現行犯人として逮捕した。

> **判決要旨**
>
> 　数人がグループとなり、互いに連絡を取って速度違反の取締りをする定域測定式においては、停車係が記録係の通報によって停車させた場合、犯人は「現に罪を行い終った」現行犯人というべきであり、停車係が配置されていた場所が約300メートル離れた地点であったことは、自動車の速度違反の取締りのため必要かつ相当の距離である。
> 　なお、現行犯人というためには、犯罪が行われたことが、逮捕に着手する直前に外部的に明白であれば足り、取締りに当たった警察官に被告人が速度違反の犯人であることが明白である以上、警察官以外の者には、犯人がいかなる犯罪を犯したかが一見して明白であるような状況がなかったとしても、被告人が現行犯人ではないとする理由はない。

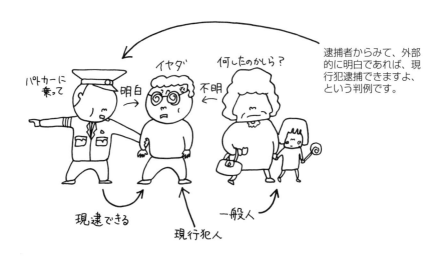

逮捕者からみて、外部的に明白であれば、現行犯逮捕できますよ、という判例です。

〈現に罪を行い終った現行犯人〉

  犯行後30〜40分を経過したにすぎない場合を、刑訴法第212条第1項にいう「現に罪を行い終った者」に当たるとした事例

(最決昭 31.10.25)

◇ 事案の概要

① 甲が酩酊の上、飲食店において従業員を殴り、さらに勝手口のガラス戸を壊した。

② 同店主人が直ちに警察官に通報し、警察官が現場に急行したところ、従業員から甲の暴状を訴えられ、「甲は今、近くの飲食店にいる」と告げられたので、直ちに約20メートル隔てた飲食店に赴き、大声で叫びながら足を洗っている甲を発見し、逮捕した。

276　刑訴法第212条　現行犯人

主張

弁護士
イメージ
(以下同)

「現に罪を行い終った者」を現行犯とするためには、犯人が罪を行い終ってその場に居る場合を言うのであって、本件のように、飲食店で暴行し終ってその場を立ち去ってから40分も過ぎている場合には現行犯人にならない。また、逮捕とは、身体の有形力を用いることである。被告人は近くの飲食店から交番まで連れて行かれたのは任意同行である。被告人は交番でわめいたことから警察官が本署に連行しようとして被告人に手錠をかけている。思うに被告人には警察官の訊問を拒否する権利を与えられている。わめくことは拒否権行使の一方法である。それに手錠をかけることは正当な公務の執行ではなく、その執行を妨害したとしても公務執行妨害とはならない。よって、原判決が公務執行妨害罪が成立するとしたのは重大なる事実の誤認であり、原判決を破棄しなければ著しく正義に反する。

本件では　警察官は
準現行犯逮捕せずに
固有の現行犯(罪を行い終った)
で逮捕したんですね

フ…ム…
それで弁護側が地裁と高裁で負けて最高裁でこういう主張をしたんだな

判決要旨

最高裁裁判官
イメージ

出番じゃな

警察官が現場に急行したところ、従業員から被告人の行為を訴えられ、「被告人は今、近くの飲食店にいる」と告げられたので、破損箇所を確認した上、直ちに約20メートル離れた飲食店に急行し、手を怪我して大声で叫びながら足を洗っている被告人を逮捕したもので、その逮捕までに犯行後30〜40分を経過したに過ぎないものであるときは、刑訴法第212条第1項にいう「現に罪を行い終った者」にあたる現行犯人の逮捕ということができる。

この判決により
現行犯(罪を行い終った)
の時間的範囲が
判例上　確立されました

先輩方の積極的な
職務執行と
努力のたまもの
だね

暴行事件発生から、約1分後に、約200メートル離れた場所で被疑者が警察官に犯罪事実を申告した場合は、現行犯人である。

(釧路地決昭48.3.22)

◇ 事案の概要

① Aの運転するタクシーに乗り込んだ甲が、Aを殴打した。

② その後、Aは車両の運転を継続して交番に行き、被害を申告したため、交番の警察官が甲を現行犯人として逮捕した。

278　刑訴法第212条　現行犯人

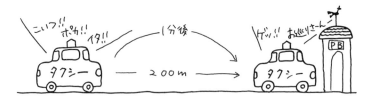

約200メートル離れた場所で行われた犯罪の被疑者を、固有の現行犯（罪を行い終った）として逮捕できるかという点が争われました。地裁の判決ですが、現行犯（罪を行い終った）の場所的限界を判断した貴重な判例です。

判決要旨

　被疑者が被害者を殴打したのは、交番から約200メートルしか離れていない地点を走行中のタクシー内であり、被害者は暴行を受けるや直ちに被疑者を同乗させたまま交番に行き、被害の約1分後には警察官に被害の事実を告げ、警察官において被害者の顔面に殴打された痕跡を確認し、被疑者に対して暴行を加えた事実を質問し、同人が自認したため現行犯人として逮捕したことが認められることから、被疑者は、刑事訴訟法212条1項にいう「現に犯罪を行い終った者」に該当するというべきであり、警察官の本件逮捕手続には何ら違法な点はない。

ちなみに距離的な点だけではなく、こういった状況を総合的に判断して現行犯逮捕が適法とされた、という点に留意してください。

判例から実務を学ぼう　279

  刑訴法第212条第2項第4号にいう「罪を行い終ってから間がないとき」及び「誰何されて逃走しようとするとき」に当たるとされた事例

(最決昭42.9.13)

◇　事案の概要

① 　犯罪の発生後、現場に急行した警察官が、引き続き犯人を捜索し、犯行から40～50分を経過した頃、現場から約1,100メートルの場所で逮捕行為を開始したときは、刑訴法第212条第2項にいう「罪を行い終ってから間がないとき」に当たる。

② 　警察官が犯人と思われる者達を懐中電灯で照らし、同人に向かって警笛を鳴らしたのに対し、相手方がこれによって警察官と知って逃走しようとしたときは、刑訴法第212条第2項第4号にいう「誰何されて逃走しようとするとき」に当たる。

280　刑訴法第212条　現行犯人

準現行犯と認めるためには、一般的要件では足りず、さらに刑事訴訟法第212条第2項の各号の何れかに該当することを要し、4号の準現行犯人というためには、誰何されて逃亡したという事実を有しなければならず、その要件は厳格かつ限定的に解釈されなければならない。

もし、誰何されていないにもかかわらず、警笛をきいて逃走しようとしたのみで準現行犯と認定されることになれば、憲法第33条の精神に反し、人権保障上由々しきことである。よって、原判決は、破棄を免れないものと思料する。

判決要旨

犯罪の発生後、直ちに現場に急行した警察官が、犯人を捜索し、犯行後40〜50分を経過した頃、現場から約1,100メートルの場所で逮捕行為を開始したときは、刑訴法第212条第2項にいう「罪を行い終ってから間がないとき」にあたり、また、警察官が犯人と思われる者を懐中電灯で照らし、同人に向かって警笛を鳴らしたのに対し、相手方がこれによって警察官と知って逃走しようとしたときは、口頭で「たれか」と問わなくても同条項第4号にいう「誰何されて逃走しようとするとき」にあたる。

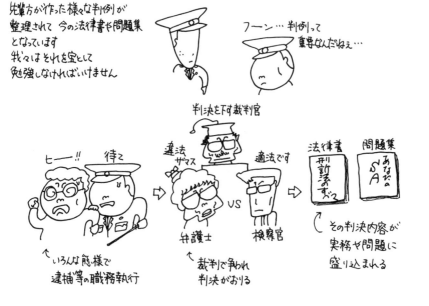

刑訴法第212条第2項にいう「罪を行い終ってから間がないと明らかに認められる」場合に該当するとされた事例

(福岡高裁宮崎支判昭32.9.10)

◇ 事案の概要

① 甲は、A方所有の鉄板1枚を盗み、これを地金商Bに売却し、さらに、C社所有の中古アングルを盗み、これを売却する目的でB地金商店に行った。

② これに対し、Aが鉄板が盗まれたことに気づき、B地金商を訪ねて盗難の事実を話しているところに、甲がC社から盗んだアングルを携えてB地金商に売りに来た。

③ すかさず、Aが甲を詰問していたところ、警察官がB地金商店に臨場し、Aから詰問されている甲に鉄板を盗んだ事実を確かめた上、甲を逮捕した。

判決要旨

被告人は、鉄板を盗んでこれを地金商に売却し、さらに、中古アングルを盗みこれを売却する目的で地金商に行ったのであるが、被害者が鉄板を盗まれたことに気づき、地金商を訪ねて盗難の事実を話しているところに被告人がアングルを携えて売りに来たので、鉄板を盗んだかどうかについて被告人を詰問していたところ、到着した警察官が詰問されている被告人に鉄板を盗んだ事実を確かめた上、被告人を逮捕した。

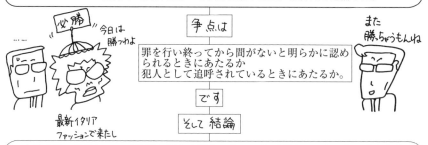

争点は
罪を行い終ってから間がないと明らかに認められるときにあたるか
犯人として追呼されているときにあたるか
です

そして結論

　本件では、逮捕について急速を要する場合であることは明らかであるし、また犯人が被害者から当該贓物を目前に置いて盗難事実につき詰問されており、犯人もまた自ら盗んだことを自供し犯人であることの明白性について疑いのないような場合には、犯罪実行行為の終了後約1時間を経過していたとしても刑事訴訟法第212条第2項に「罪を行い終ってから間がないと明らかに認められる」場合に該当すると解すべきである。
　次に同条第2項第1号の「犯人として追呼されているとき」にあたるか否かの点である。同号を文字どおり解釈すると犯人が犯人として追いかけられている場合と解されるし、また実状もそのような場合が多いと考えられるけれども、本件のように犯人が被害者から贓物を目前において盗難事実につき詰問され、犯人も窃盗事実を自認しているような場合は、これを同項第1号に「犯人として追呼」されている場合と解しても何等の支障はないというべきである。
　以上説示のとおりであるから本件につき警察官が被告人を準現行犯人として逮捕したことに違法の点はない。

判例から実務を学ぼう　283

 呼気を測定した結果、呼気1リットルにつき0.35ミリグラムのアルコール量を検出した場合、刑訴法第212条第2項第3号にいう「身体又は被服に犯罪の顕著な証跡があるとき」に当たるとされた事例

(名古屋高判平元.1.18)

◇　事案の概要

① 甲は、酒気帯び運転をして交通事故を起こし、頭部にけがを負い、とりあえず救急車で総合病院に運ばれた。

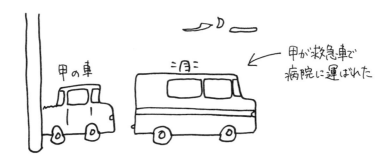

② その後、総合病院に駆け付けた警察官は、甲から酒臭を感じたため、甲がすでに治療を終えて帰宅してもよいことの確認を医師から得た後、飲酒検知器により甲の呼気を測定した結果、呼気1リットルにつき0.35ミリグラムのアルコール量を検出した。さらに、酒酔い鑑識カードに基づき甲に対して質問等をし、酒気帯び運転から約52分経過した時点で、「酒気帯び運転の被疑者として逮捕する。」旨を告げたうえで甲を酒気帯び運転で現行犯逮捕した。

284 刑訴法第212条 現行犯人

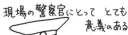

主張

被告人は、酒気帯び運転から約52分経過した後に、運転場所から離れた病院において、酒気帯び運転を直接現認していない警察官によって現行犯逮捕されたものであり、現行犯逮捕の要件に欠けることは明らかである。

しかも、「酒気帯び運転の被疑者として逮捕する。」と告げられたのみで、被疑事実の要旨を告げられていないことから、被告人に対する現行犯逮捕は違法である。

さて、

この事例では、準現行犯逮捕しています。

準現行犯逮捕をするためには、一般的要件（犯罪と犯人の明白性等）のほかに、個別的要件（追呼、贓物所持、顕著な証拠、誰何逃走）のどれかが必要です。

先輩！！あなたにお聞きします

この事例で当てはまる個別要件は何ですか？さあ答えてください！！逮捕したのはあなた自身ですよ！！

さてと弁番はこれらにして判決をみてみましょう

本判決は、呼気１リットルにつき0.35ミリグラムのアルコールを保有する人の酒臭が刑訴法第212条第２項第３号の「身体に犯罪の顕著な証跡があるとき」に当たると判示しています。こういった事例は教科書等でも例示がなく、公刊されている裁判例でも見当たりません。

まさにレアケース

判決要旨

被告人は、酒気帯び運転の際に交通事故を引き起こし、救急車で病院に運ばれたところ、病院に駆けつけた警察官は、被告人が既に治療を終え帰宅してもよい状態であることの確認を医師から得た後、飲酒検知器により被告人の呼気を測定し、酒気帯び運転から約52分経過した時点で、「酒気帯び運転の被疑者として逮捕する。」と告げたうえで被告人を無免酒気帯び運転で現行犯逮捕したことが認められる。これにより、被告人が刑訴法第212条第２項第３号にいう「身体又は被服に犯罪の顕著な証跡があるとき」の準現行犯に該当することは明らかであり、また、警察官が被告人を現行犯逮捕するに当たり「酒気帯び運転の被疑者として逮捕する。」と告げた措置も妥当であり、そもそも、現行犯逮捕の際には被疑者に犯罪事実の要旨等を告知する必要はないから、被告人に対する現行犯逮捕の手続には何ら違法はない。

刑訴法第220条

令状によらない差押え・捜索・検証

刑訴法第220条　令状によらない差押え・捜索・検証

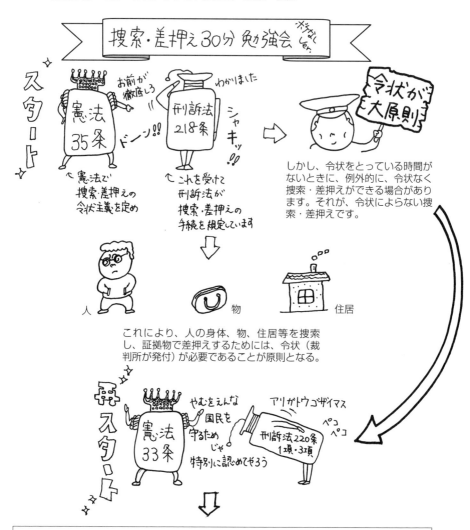

```
刑訴法第220条
〔令状によらない差押え・捜索・検証〕
　検察官、検察事務官又は司法警察職員は、第199条の規定に
より被疑者を逮捕する場合又は現行犯人を逮捕する場合におい
て必要があるときは、左の処分をすることができる。第210条
の規定により被疑者を逮捕する場合において必要があるとき
も、同様である。
　(1)　人の住居又は人の看守する邸宅、建造物若しくは船舶内に
　　入り被疑者の捜索をすること。
　(2)　逮捕の現場で差押、捜索又は検証をすること。
②　〔略〕
③　第1項の処分をするには、令状は、これを必要としない。
④　〔略〕
```

判例から実務を学ぼう

| 1 | 何人でも現行犯を逮捕できるが、通常人は、逮捕するため他人の住居に侵入することは許されない。 |

(名古屋高判昭 26.3.3)

◇ 事案の概要

① 甲は、現行犯を逮捕するためであれば、他人の住居に侵入しても違法ではないと信じていた。

そこで甲は、知事等が大学設置問題に関し、文部省関係係官を招致し供応していることを聞き、これは政令違反（飲食営業緊急措置令違反）であるとし、B旅館に行った。

② そして甲は、現行犯逮捕等を目的としてB旅館に侵入した。

288　刑訴法第220条　令状によらない差押え・捜索・検証

このように刑訴法213条により一般の人でも現行犯逮捕はできます

それでは、このようなことができるのか。例えば、

刑訴法220条にある現行犯逮捕のための捜索等の規定が、通常人も適用されるのか、というのがこの裁判の争点です。

結論は適用されません

判決要旨

　一般人が現行犯を逮捕できることは、憲法と刑事訴訟法で認めているが、この逮捕のため、他人の住居に侵入できる旨を規定した法律はない。
　したがって、一般人は、屋外若しくは自宅で現行犯を逮捕するか又は住居者の承諾がある場合に限り、住居内で現行犯人を逮捕できるのである。
　もし仮に、通常人でも現行犯人逮捕のため、自由に他人の住居に侵入できるとすれば、われわれの住居は1日も平穏であることはできない。したがって、真に現行犯人逮捕の目的であっても、承諾なくして、他人の住居に侵入するときは、住居侵入罪が成立するものと解すべきものである。
　そして住居とは、一戸の建物のみを指すのではなく、旅館、料理屋の一室といえども、これを借り受けて使用したり、又は宿泊したり飲食している間は、そのお客の居住する住居と認むべきものである。本件においては、B館の奥座敷に県知事等がいて宴会を設けていたのであるから、刑法上、同人等の住居ということができ、被告人が現行犯逮捕と主張して、知事の招きによらず、奥座敷に無断で入り込んだのであるから、住居侵入罪が成立する。

判例から実務を学ぼう　　289

 令状なしで捜索し、差し押さえることのできるものは、逮捕の基礎となった犯罪に係る証拠品等に限られる。

(東京高判昭 46.3.8)

◇　事案の概要

① 甲は、酒気帯び運転の現行犯人として逮捕され、警察署に引致された。その後、甲がそれまで運転していた自動車が逮捕現場で差し押さえられた。

② 差押えの際、警察官が助手席の物入れに短刀（匕首）があるのを発見し、甲に確かめるためこれを持って事務室に入り、甲に示して甲の物であることを確かめた上で、領置の手続をとった。

290　刑訴法第220条　令状によらない差押え・捜索・検証

弁護人の主張

匕首の捜索押収手続は刑訴法第220条の規定に適合せず、かつ令状によらない違法押収であるから、憲法第35条に違反する。

判決要旨

　本件の匕首は、警察署の中庭まで自ら運転してきた乗用車の助手席ポケットの下にあったというのであって、すでに警察官の占有下にある自動車内に放置されていたものであり、新たに被告人の占有を侵して探し出してきたものでないから、捜索をしたということには当らない。
　そして、警察官が匕首を自動車内から取り出し、事務室まで持ってきたのは、被告人が既に同所で取調べを受けており、匕首についての所有者、所持者を被告人に確かめるためにしたものであり、しかも、被告人は警察署において短刀（匕首）は要らないから処分してくれと本心から警察官に述べたことなどから、匕首を事務室まで運んだとしても、被告人が任意に提出したものと認めることができ、全体として刑事訴訟法第221条の領置と解せられる。
　よって、確かに警察官は、この点について多少の誤解があって、差押調書添付の目録には道路交通法違反の証拠品である自動車、自動車検査証、エンジンキーと並べてあいくちと記載した瑕疵はあるが、この記載は直ちに抹消され本件の匕首は別途に領置されたものであるから、この瑕疵は訴訟手続に何らの影響も与えておらず、刑事訴訟法、憲法の諸規定に違反するものではない。よって、証拠物たる匕首は証拠能力があり、被告人の自白を補強するに足るものである。

判例から実務を学ぼう　291

 現行犯逮捕の現場から自動車で3、4分、直線距離約400メートル離れた警察署において、被逮捕者の所持品等を捜索押収することが適法とされた事例

(東京高判昭 53.11.15)

◇　事案の概要

① 甲、乙、丙は、宣伝カーの上において機動隊員らに違法行為をし、逮捕された。

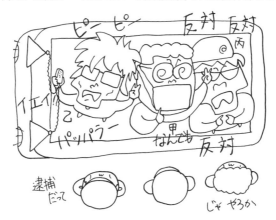

② 当時、数百名の群集が集まり、駅前で交通が混雑し、酔っ払いが騒ぎ立てる等して混乱を生ずるおそれもあったので、甲、乙、丙を直ちに1名ずつ3台のパトカーに乗せ、直線距離で約400メートル南東の警察署（3、4分で到着）に連行し、到着後、直ちに腕章、軍手、ヘルメット、ポケット内の機関紙等を押収し、手続は逮捕後約30分で終わった。

292 刑訴法第220条 令状によらない差押え・捜索・検証

本件において被告人らは、当日午後9時13分頃宣伝カーの屋根上で逮捕され、パトカーに乗せられ、その4、5分後に警察署に連行され、その後30分位して同署内で機関紙、腕章、ヘルメット、軍手、所持品等を令状なく押収されたものであり、逮捕の現場でないところで押収されたものであるから、違法である。

→弁護側の主張

判決要旨

逮捕現場が群集に取り囲まれ、同所で着衣や所持品等を捜索・押収することが、混乱を防止し、被疑者の名誉を保護するうえで適当ではないと認められる場合、当該現場から自動車で数分、距離約数百メートル程度離れた警察署等の適当な場所で押収手続をとることは、刑訴法第220条第1項第2号にいう逮捕の現場で差押えする場合に当たると解すべきである。

終わりに

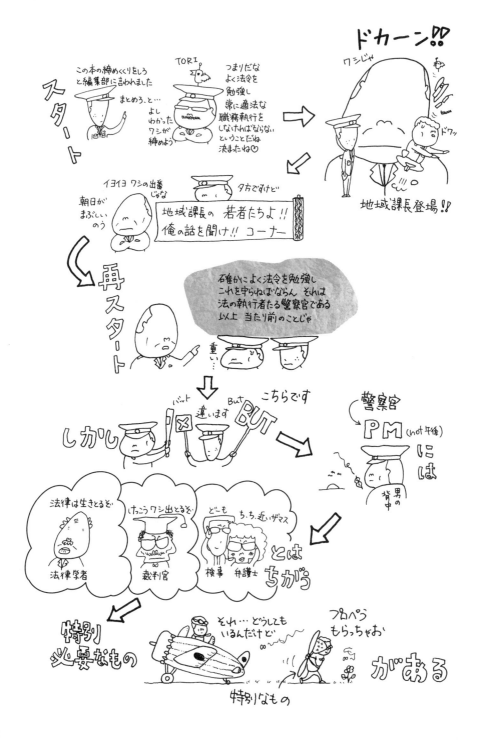

終わりに 295

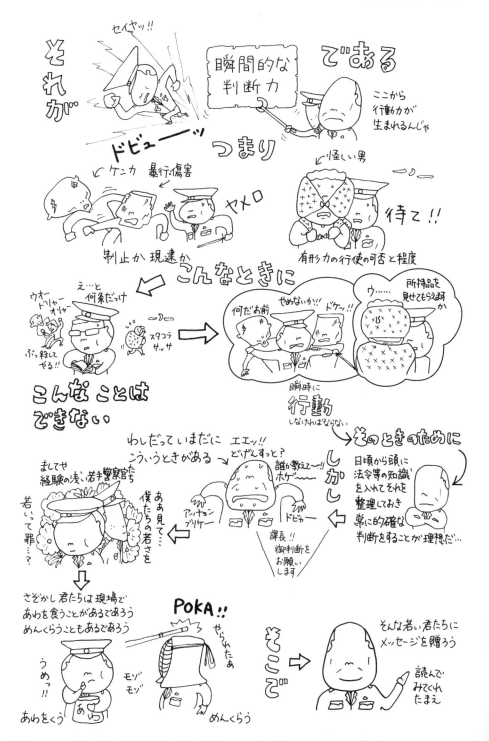

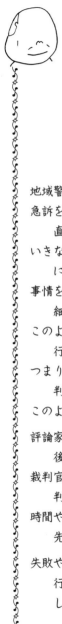

これは
第86代 矢代警視総監が
当時の地域警察官に対して
書かれた文章だ
今なお読み継がれている名文だぞ

決断し、実行せよ

地域警察官の仕事ほど困難なものはない。
急訴を受け現着しても、現場で何があったのか
　　　直ちに分かるわけではない。
いきなりトラブルが持ち込まれ、どちらの言い分が正しいのか
　　　にわかに判断しがたい。
事情を聞き、おぼろげに輪郭をつかむとしても、
　　　細かな真相は分からない。
このような中で、とにもかくにも見当をつけて
　　　行動を起こさなければならない。
つまりは、事情がどんどん進行する中で、
　　　判断し、対処することを迫られる。
このような場合、見込み違いや、判断の誤りは避けることが出来ない。

評論家のように事後的に解説を加えるのは、
　　　後出しじゃんけんのようなものである。
裁判官のように、よく吟味された事実関係を基に
　　　判断するわけにはいかない。
時間や状況にゆとりがなく、情報も乏しい中で、
　　　先ずは行動が求められる。

失敗や後の面倒を回避しようと思えば、
　　　行動を起こさず様子を見ていればよい。
　　　しかし、それは、責任放棄となろう。

警察の持つ権限は、一般の人にはなく、
　　一般の人は、警察官に取って代わることは出来ない。
もし、警察官が与えられた権限を行使せず、
　　事態を傍観していたならば、
　　　　一般の人々は、もどかしい思いでこれを見守るしかない。
権限ある者は、これに応じた責任が課せられているのであって、
　　権限を行使しその責任を果たさなければならない。
　　即ち、「権限」と「責任」は、等量である。
恐れてはならない。100点満点を取る必要はない。
合格点でよい。時として落第点のときもあろう。
何よりも、決断し、実行することが重要である。
事案処理において、その状況を知り、
　　事態を最もよく掌握しているのは、
　　　　現場に急行した警察官である。
その場、その時、当該事案について判断を下せるのは、
　　日本中を見渡しても自分しかいないのである。
地域警察官の諸君、決断せよ。
そして、果敢に権限を行使せよ。

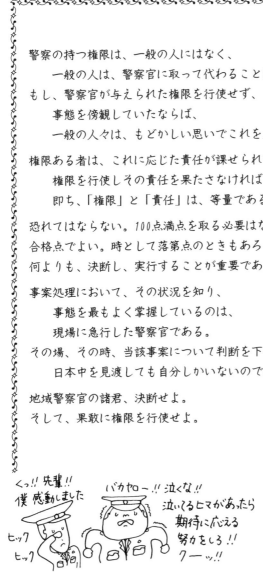

終わりに 299

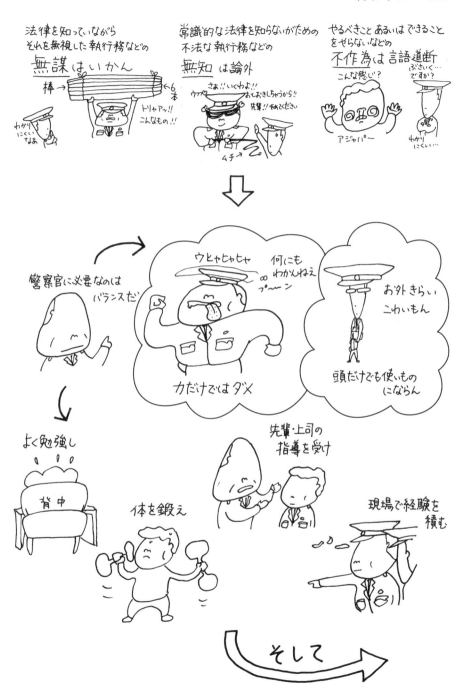

「ニューウェーブ昇任試験対策シリーズ」は、これまでの昇任試験対策の常識を破る、全く新しい手法で作成された教材です。

本書の内容等について、ご意見・ご要望がございましたら、編集室までお寄せください。FAX・メールいずれでも受け付けております。

〒112─0002　東京都文京区小石川 5 ─17─ 3
TEL　03（5803）3304
FAX　03（5803）2560
e-mail　police-law@tokyo-horei.co.jp

ニューウェーブ昇任試験対策シリーズ

イラストでわかりやすい　擬律判断・警職法〔第 2 版〕

平成26年 6 月10日　初 版 発 行
令和 6 年11月20日　第 2 版 発 行

著　　者　　ニューウェーブ昇任試験対策委員会
イラスト　　村 上 太 郎
発 行 者　　星 沢 卓 也
発 行 所　　東京法令出版株式会社

112-0002	東京都文京区小石川 5 丁目17番 3 号	03（5803）3304
534-0024	大阪市都島区東野田町 1 丁目17番12号	06（6355）5226
062-0902	札幌市豊平区豊平 2 条 5 丁目 1 番27号	011（822）8811
980-0012	仙台市青葉区錦町 1 丁目 1 番10号	022（216）5871
460-0003	名古屋市中区錦 1 丁目 6 番34号	052（218）5552
730-0005	広島市中区西白島町 11 番 9 号	082（212）0888
810-0011	福岡市中央区高砂 2 丁目13番22号	092（533）1588
380-8688	長 野 市 南 千 歳 町 1005 番 地	

〔営業〕TEL 026（224）5411　FAX 026（224）5419
〔編集〕TEL 026（224）5412　FAX 026（224）5439
https://www.tokyo-horei.co.jp/

Ⓒ 2014 NWS　　　　　　　　　　　　　　Printed in Japan
本書の全部又は一部の複写、複製及び磁気又は光記録媒体への入力等は、著作権法上での例外を除き禁じられています。これらの許諾については、当社までご照会ください。
落丁本・乱丁本はお取替えいたします。
ISBN978-4-8090-1487-1